A

IN MEMORIAM

IM HUNDEHIMMEL

Herausgegeben
von Aleksia Sidney

Atlantik

»Ich dachte immer, dein Hund wäre
die Ausnahme und unsterblich.«

Ann Patchett

Inhalt

Roger Grenier
Das Hundeparadies 9

Matthias Claudius
Als der Hund tot war 12

Christa Jankowiak
Wir nannten ihn »Wolle« 13

Les Murray
Eine Hundeelegie 34

Elizabeth von Arnim
Alle meine Hunde 36

Richard Dehmel
Nur ein Hund 59

Maurice Maeterlinck
Über den Tod eines kleinen Hundes 61

Seamus Heaney
Carlo. Gedicht auf meinen toten Freund 79

Virginia Woolf
Das Ende 82

Lars Gustafsson
Elegie auf einen Labrador 88

Jean Grenier
Über den Tod eines Hundes 91

Hartley Coleridge
Zum Tod von Echo, einer Lieblings-Beaglehündin 124

Elke Heidenreich
Nurejews Hund 125

Kurt Steinkrauss
Mein treuer Wegjefährte 145

Clemens Meyer
Von Hunden und Pferden 146

Pablo Neruda
Ein Hund ist gestorben 156

Katherine Heiny
Single, glücklich, entspannt 159

John Updike
Hundetot 182

Nachweis 185

ROGER GRENIER

Das Hundeparadies

Baudelaire stellte sich vor, es gebe ein Paradies eigens für Hunde. Die Idee vom Hundeparadies erinnert mich an eine alte Geschichte.

Jeden Abend, wenn mein Hund und ich von der Arbeit kamen, gingen wir über den Boulevard Saint-Germain. Dort sprach uns oft ein Herr an, der auf der Terrasse eines Cafés saß oder gerade dort angekommen war, um einen Aperitif zu trinken. Er bat mich, den Hund streicheln zu dürfen, was ich ihm gerne gestattete. Ulysse konnte nie genug Bewunderung und Streicheleinheiten bekommen – als mangele es ihm ständig an Zuneigung. Unter den menschlichen Gefühlen, welche dieser Hund sich angeeignet hatte, kam zuallererst der Narzissmus.

Der Herr jedenfalls war groß, stark, ungefähr siebzig Jahre alt, und sein Akzent legte nahe, dass es sich um einen Deutschen handelte.

Während er wieder und wieder über das Fell des Hundes strich, konnte ich nicht umhin, an seiner Hand einen goldenen, mit einem großen Diamanten besetzten Ring zu bemerken. Nach den Streicheleinheiten fragte der Deutsche mich stets:

»Erlauben Sie, dass ich ihm etwas Schokolade gebe?«

Sooft ich ihm auch antwortete, Ulysse möge keine Schokolade – er beharrte darauf und holte ein Stück aus der Tasche. Er reichte es seinem Freund, der es aus Höflichkeit annahm, nur um es sofort wieder auszuspucken. Ich sagte:

»Sehen Sie.«

Das hinderte den Deutschen nicht daran, es bei der nächsten Begegnung wieder zu versuchen. Streicheleinheiten und Schokolade.

Statt dem Hund eine Süßigkeit anzubieten, welche dieser gar nicht mochte, hätte er ihm besser seinen Diamanten geschenkt. Oder ihn in sein Testament aufgenommen und zum Erben des Ringes gemacht. Diesen zweifelhaften Gedanken hatte ich jedes Mal, wenn Ulysse die Schokolade ausspuckte.

Als Ulysse vor seiner Zeit starb, hoffte ich, dem Deutschen wiederzubegegnen, um es ihm zu erzählen. Doch das Café, in dem er sonst immer saß, war wegen langanhaltender Renovierungsarbeiten geschlossen. Nach der Wiedereröffnung kehrte der Deutsche nicht dorthin zurück. Vielleicht gefiel ihm die neue Einrichtung nicht. Rot und lila – sie war wirklich hässlich.

Zwei Jahre später begegnete ich ihm in der Rue du Four. Er ging etwas steif, ruckartig und stützte sich auf einen Stock mit Gummifuß. Ich erkannte ihn erst, als er sich mühsam zu einem Hund hinabbeugte, der ihm entgegenkam. Ich näherte mich. Er war es wirklich – der Diamant am Finger, der deutsche Akzent. Doch wie er sich verändert hatte! Bestimmt aufgrund eines Schlaganfalls. Ich merkte, dass er sich nicht an mich erinnerte.

»Sie haben meinem Hund immer Schokolade gegeben. Es war ein großer Jagdhund, Boulevard Saint-Germain.«

»Ja, ich liebe Hunde.«

Ich war enttäuscht. Er mochte also alle Hunde, während ich gedacht hatte, er interessiere sich besonders für meinen. Im Gehen sagte er jedoch:

»Jetzt ist er im Paradies, mit dem heiligen Franz von Assisi.«

MATTHIAS CLAUDIUS

Als der Hund tot war

Alard ist hin, und meine Augen fließen
Mit Tränen der Melancholie!
Da liegt er tot zu meinen Füßen!
Das gute Vieh!

Er tat so freundlich, klebt' an mich wie Kletten,
Noch als er starb an seiner Gicht.
Ich wollt ihn gern vom Tode retten,
Ich konnte nicht.

Am Eichbaum ist er oft mit mir gesessen,
In stiller Nacht mit mir allein;
Alard, ich will dich nicht vergessen,
Und scharr dich ein,

Wo du mit mir oft saß'st, bei unsrer Eiche,
Der Freundin meiner Schwärmerei.
Mond, scheine sanft auf seine Leiche!
Er war mir treu.

CHRISTA JANKOWIAK

Wir nannten ihn »Wolle«

Irgendwann kamen wir auf den Gedanken, uns einen Hund anzuschaffen, am liebsten einen Schäferhund. Unser Haus mit seinem großen Garten am Rand von Berlin bot Platz genug.

Nicht weit von uns wohnte eine alte Dame, die im Ruf stand, Retterin aller ausgesetzten, vernachlässigten, schlecht behandelten Hunde zu sein. Sie war im Lauf der Jahre nicht nur im Ort, sondern auch bei Tierärzten und Polizei zu einer anerkannten Institution geworden, gewissermaßen zu einem privaten Tierschutzverein. Menschen spielten für sie eine zweitrangige Rolle, sie waren lediglich Anlaufstellen für ihre heimatlosen Schützlinge. Streng und nach eigenwilligen Maßstäben unterschied sie gute und schlechte Stellen. Ersteren vertraute sie Tiere an. Dagegen kaufte sie Hunde frei, die es ihrer Meinung nach schlecht hatten. Gelang das nicht, legte sie sich mit den Besitzern an und machte sogar Tierärzte und Polizei mobil, wenn sie mit ihren Rettungsaktionen nicht weiterkam. Hatte sie jemandem einen Hund anvertraut, erschien sie gewöhnlich noch eine ganze Weile, um das Befinden ihres Schützlings zu kontrollieren.

Sie also baten wir, uns den Wunschhund zu besorgen, und versicherten ihr, er solle es gut bei uns haben. Nach und nach brachte sie uns mehrere Schäferhunde und Mischlinge an, die aber alle in irgendeiner Weise durch ihre Vergangenheit geschädigt waren. An einen erinnere ich mich. Ein kleiner Wanderzirkus hatte ihn zurückgelassen. Es war ein nervöser, dürrer Schäferhundmischling, mehrere Jahre alt und vom Zirkusleben geprägt. Wir lehnten ab und erklärten, wir wollten nur ein ganz junges Tier, das wir uns selbst erziehen könnten.

Und dann kam jener Schicksalstag, der unser Dasein auf lange Zeit mitbestimmte.

Mein Mann hielt Mittagsschlaf und ahnte nicht, dass er in seiner neuen Rolle als Herrchen aufwachen würde.

Es klingelte. Ich öffnete die Haustür. Am Gartenzaun lehnte das klapprige alte Fahrrad von Frau B. Sie selbst stand vor der Tür in ihrem abgetragenen blaugrauen Mantel, mit ihrer ewig gleichen undefinierbaren Kopfbedeckung. So kannte ich sie seit Jahren. Das also war nichts Besonderes. Wichtig war – in der Hand hielt sie einen Einkaufsbeutel. Ein gelbschwarzer Wuschelkopf mit Schlappohren ragte heraus, zwei tapsige Pfötchen hingen über den Beutelrand, und zwei schwarze blanke Augen schauten mich neugierig an.

Wahrscheinlich war der kleine Kerl im Beutel schon in dieser Sekunde der Sieger. Nur wusste ich das noch nicht.

Was Frau B. erzählte, war vermutlich darauf berechnet, uns für das Hundebaby zu gewinnen. Ich hörte nur mit halbem Ohr zu, denn eigentlich kamen ihre Worte schon zu spät. Sie sagte etwas von »acht Wochen alt«, Langhaarschäferhund, auf Betonfußboden untergebracht gewesen, Schwanz zweimal gebrochen …

Ich erklärte, allein könne und wolle ich das nicht entscheiden. »Mein Mann hält gerade Mittagsruhe, ich kann ihn jetzt nicht wecken.«

Sie bat mich, den kleinen Kerl wenigstens eine Stunde dazubehalten, weil sie auf den Elektriker warte und gerade sechzehn Hunde in ihrer Wohnung habe.

Ob ich ihr glaubte oder ihre Berechnung spürte, weiß ich heute nicht mehr. Auf jeden Fall stand ich Minuten später mit dem winzigen Bündel unterm Arm etwas ratlos im Treppenhaus, während Frau B. davonradelte. Vorher hatte sie noch versichert, in gut einer Stunde wiederzukommen und das Hundekind abzuholen.

Sie kam wirklich. Aber da stand bereits ein großer Karton mit einem Kissen darin unter der Garderobe, und unser neues Familienmitglied hatte es sich darin bequem gemacht.

Wir gaben es nicht mehr her!

Nur, wie nennt man so ein Hundebaby, wenn man nicht recht weiß, ob wirklich ein Schäferhund daraus wird? Manche Namen eignen sich nur für stolze, große Rassehunde, andere für winzige Schoßhündchen, wieder andere sind ziemlich abgedroschen, und unser Hundekind sollte doch von Anfang an etwas Eigenständiges sein. Wir beratschlagten eine ganze Weile. Was wir vor uns hatten, war ein Wollknäuel mit Schlappohren und Knopfaugen, zu klein, um allein aus dem Karton zu krabbeln oder gar zu bellen. Das Einzige, was feststand – es war ein Rüde. Oder besser, es hatte alle Voraussetzungen, um einer zu werden.

Wir nannten ihn »Wolle«.

Später kamen noch viele aus Liebe geborene Namen dazu. Sie reichten von »Seidenfellchen« über »Zottelbär« bis zum häufig gebrauchten »Dicker«. Aber bis dahin vergingen Jahre. Erst einmal begann an jenem Herbsttag der Weg vom Wollknäuel zum Hund.

Zunächst war Lernen angesagt, auch für mich. Die erste Frage ergab sich automatisch sofort: Womit ernährt man ein Hundebaby? Wolle war ein Kind der DDR, nicht hineingeboren in ein Land, wo Milch und Honig fließen, Pal und Chappi – altersgerecht! – in jedem Supermarkt herumstehen. Für den ersten Abend hatte Frau B. eine Tüte mit kleingeschnittenem Fleisch dagelassen (wieso sie die mitgebracht hatte, wo sie doch den Hund wieder abholen wollte, wird ein ewiges Rätsel bleiben), aber wie weiter?

Vermutlich waren alle Mutterinstinkte in mir erwacht, auf jeden Fall aber die Angst, die aus dem Bewusstsein erwuchs, für dieses hilflose kleine Leben verantwortlich zu sein. Ich rief eine Bekannte an, von der ich wusste, dass sie nicht nur jahrelang Schäferhunde besessen, sondern sie auch von klein an aufgezogen hatte. Sie gab mir die nötigsten Informationen, sagte mir, dass es ein Fertigfutter in Gläsern gebe, »Goldy«, doch im Winter sei es kaum zu ergattern und im Sommer meistens schon beim Kauf verdorben. Aber im Sämereiengeschäft könne man an jedem Mittwochnachmittag Hundefleisch kriegen. Bevorratung für eine Woche sei allerdings angeraten. Also hin. Vor dem Laden stand eine lange Schlange. Naiv, wie ich war, stellte ich mich hinten an und – bekam nichts mehr ab. Klug geworden brachten wir von da an lange Zeit jeden Mittwochvormittag einen Eimer samt Bestellzettel in das Geschäft und holten ihn nachmittags gefüllt ab. Warten musste ich allerdings auch dann. Jedes Mal eine aufregende Aktion, denn es roch dort, zumindest für Hundenasen, äußerst verführerisch, und die meisten Kunden hatten ihre Lieblinge mit. An jedem Baum in Ladennähe war einer angebunden. Wolle war auch dabei. Gewöhnlich wurde ein Wettstreit im Bellen ausgetragen.

Weil auch die gelangweilten Menschen sich die Wartezeit vertreiben mussten, war Wolle (der Neue) bei ihnen bald ein beliebtes Thema: »Was wird daraus?« – »Für einen Schäferhund ist das Fell zu gewellt!« – »Und die Ohren müssten schon stehen!« – »Ein Berner Sennhund?« – »Da stimmen die Farben nicht!« Jeder steuerte etwas Sachkundiges zur Diskussion bei: »Den Schwanz trägt er wie ein Spitz!« – »Das Gesicht hat er vom Collie.«

Uns war's egal. Wir können uns einen Mischling leisten!, wurde zu unserer Devise.

Wolles »Lektionen« begannen mit dem ersten Pfützchen im Haus. Mit strengen Worten wurde das Bündel hochgehoben und vor die Haustür gesetzt. Und das ebenso bei jedem weiteren Fehltritt. Als der kleine Kerl einmal vor Schreck draußen das Beinchen abermals hob (von Beinheben konnte eigentlich gar nicht die Rede sein, auch das musste erst noch gelernt werden!), gab's ein dickes Lob.

Der erste Intelligenzbeweis ließ nicht lange auf sich warten. Mit zwölf Wochen war Wolle absolut stubenrein.

Schon am dritten Tag nachdem Wolle uns und damit sein künftiges Zuhause erobert hatte, nahm für ihn das seinen Anfang, was sich später unter der Überschrift »Abenteuer Auto« einordnen ließ. Wir wollten Zweige mit Herbstlaub für die Vasen holen und fuhren dazu ohne konkretes

Ziel in die Umgebung. Irgendwo würden wir schon etwas finden.

Ich setzte mich vorsichtshalber zu Wolle auf den Rücksitz, um ihn besser im Auge behalten zu können. Ein Weilchen ging es gut, doch dann fing unser Baby an zu würgen und zu wimmern. Herrchen ahnte das Schlimmste und schlug vor, lieber umzukehren. Da steckte ich Wolle den Daumen in die Schnauze. Gedacht habe ich mir zunächst wahrscheinlich nichts dabei. Ich tat es einfach, ohne über das Warum nachzugrübeln. Augenblicklich fing unser Hundebaby an zu nuckeln. Ganz schnell beruhigte es sich dabei, nuckelte allerdings noch kilometerweit. Die Autoangst war gebannt.

Schließlich entdeckten wir dicht an der Straße, was wir suchten – Grasland, einen Trampelpfad (oder waren es Fahrspuren?) und dahinter Wald, schönstes buntes Herbstlaub, das in der Sonne leuchtete.

Wir fuhren scharf rechts ran, schlossen den Wagen ab und machten uns mit unserem Wollknäuel auf den Weg. Schon nach wenigen Metern merkten wir, dass wir unser Tempo jetzt an dem kleinen Kerl messen mussten. Das Gras war höher, als seine Beine lang waren, er musste sich ehrlich mühen, um vorwärtszukommen. Obendrein gab es so viel zu bestaunen, dass es immer langsamer weiterging – Vögel, Insekten, ein brummendes Flugzeug – bloß, wo brummte es?

Noch oft sind wir später an diese Stelle gefahren. Die Gräser wurden immer kürzer und die Hundebeine länger. Wolle rannte mit uns am Waldrand um die Wette, begeisterte sich am »Duft« der frischgedüngten Felder und jagte einem flüchtenden Reh hinterher …

Irgendwann wühlten Traktoren die Wege auf, Zäune wurden gezogen, Bäume gefällt, die Gegend veränderte ihr Gesicht, und wir hielten nicht mehr an. Es gab neue Ziele und andere Wege.

Doch zurück zu den Anfängen. Um die erste Autoerfahrung zu festigen, folgte wenige Tage später die zweite, aber auch letzte Tour mit Daumennuckeln. Von da an war Autofahren eine von Wolles Lieblingsbeschäftigungen. Schnell entwickelte er einen ganz präzisen Sinn für alle Vorzeichen, die ihm signalisierten, dass eine Ausfahrt bevorstand. Manchmal war es uns völlig schleierhaft, woran er es merkte. Vom Augenblick der »Erkenntnis« an bis zum Einsteigen in den »Theo«, unseren Moskwitsch, bellte Wolle pausenlos. (»Theo« hatten wir unseren fahrbaren Untersatz getauft, als Vicky Leandros sang: »Theo, wir fahr'n nach Lodz«; die Textzeile »Wach auf, du altes Murmeltier« hatte den Ausschlag gegeben.) Wenn es dann endlich losging, war unser Begleiter vor Aufregung und Durst bereits völlig k. o., also versuchten wir ihn zu hintergehen. Die Wasserflasche für unterwegs wurde heimlich gefüllt, der Beutel mit Futternapf und Pellets, dem praktischen Trockenfutter, heimlich gepackt. Es half alles nichts. Wolle bellte und rannte wie aufgezogen bei jedem Schritt neben uns her, voller Angst, wir könnten ihn vergessen. Es blieb nichts anderes übrig, als die Hundedecke auf den Rücksitz zu legen und unseren ungeduldigen Gefährten einsteigen zu lassen, bevor wir eine Fahrt vorbereiteten.

Nachdem die erste Eingewöhnung geschafft war, überließen wir Wolle den Rücksitz allein. Schnell richtete er sich ein und entwickelte feste Gewohnheiten. Auf der Autobahn bevorzugte er den Ausblick auf alles, was uns folgte. Er legte das Kinn auf die Rücklehne und beobachtete den Verkehr. Überholte uns jemand mit hohem Tempo, bellte Wolle empört. Auf längeren Fahrten oder wenn es sehr heiß war, verzog er sich nach unten, richtete sich auf dem Boden des Wagens ein, benutzte den Tunnel als Kopfpolster und schlief. Wenn er wieder munter wurde, kam er nach oben, setzte sich hinter den, der gerade fuhr, legte ihm eine Pfote auf die Schulter (im Moskwitsch hatten wir keine störenden Kopfstützen) und meldete sich auf diese Weise zurück. Meistens blieb er eine Weile in dieser Haltung sitzen und schaute aufmerksam in Fahrtrichtung.

Bei einem der ersten Ausflüge, als das alles noch nicht zur Routine geworden war, bemerkten wir plötzlich hinter uns eine verdächtige und zugleich irgendwie geschäftige Stille. Doch da war es schon zu spät. In einer Mischung aus Spieltrieb und Jagdeifer hatte Wolle sich die Brockenhexe heruntergeholt, die vor der Heckscheibe hing – eine rothaarige Puppe mit breitkrempigem grünem Lederhut, die auf einem Besenstiel ritt. Dass ihr Baumeln sämtliche Jagdinstinkte unseres Hundebabys auf den Plan rufen würde, hatten wir nicht einkalkuliert. Nun war es zu spät – die roten Haare hingen ihm aus der Schnauze, der Hut war in Fetzen, der Besen zerbissen ... Aber, o Schreck, erst jetzt bemerkten wir, dass die ganze Pracht von Stecknadeln zusammengehalten worden war. Wir suchten verzweifelt, fanden eine Nadel in Wolles Schnauze und waren tagelang in Sorge, er könnte eine andere verschluckt haben. Zum Glück hatte er nicht!

Noch vieles gab es zu lernen, bis aus unserem Wollknäuel ein Hund wurde. Und er lernte schnell. Eines Tages erklomm er mit zähem Bemühen die unterste Treppenstufe, und irgendwann stand die ganze Familie staunend und bewundernd um ihn herum: Wolle hatte zum ersten Mal gebellt! Bald ging er ohne Leine bei Fuß, und wenn er vorlaufen durfte, hielt er brav vor jeder Bordkante an, bis das Kommando »Lauf!« ihm den Weg freigab. Nur drei Dinge konnten seine gute Erziehung zunichtemachen. Eine erspähte Katze oder ein Igel ließen ihn davonpreschen, wie von der Sehne geschnellt. Daran änderte sich auch nichts, als er einmal mit der neugierigen Nase einem Igel zu nahe gekommen war und ein riesiger fauchender Kater ihn in die Flucht gejagt hatte, doch von Stund an bremste er seinen Lauf stets in sicherem Abstand von derartigen »Jagdopfern«. Der dritte Anlass, eine Bordkante zu überlaufen, war eine verschneite Straße. Da erkannte er die Schwelle nicht. Sie hob sich ja kaum ab.

Vom ersten Schnee war Wolle hell begeistert. Er tollte durch die weiße Pracht, biss immer wieder hinein, wälzte sich darin, kniff die Augen zu und blinzelte, wenn wir Schneebälle nach ihm warfen. Seine liebe Not hatte er allerdings mit den Schneeklumpen, die sich zwischen seine Zehen setzten und an seinem Fell festfroren. Immer wieder nagte und knabberte er daran herum. Später kam er jedes Mal zu uns gehumpelt, streckte uns die Pfoten hin und forderte uns auf diese Weise unmissverständlich auf, sie ihm sauber zu machen.

Als Wolle seinem Pappkarton entwachsen war, und das ging ziemlich rasch, bekam er eine Matte als Lagerplatz unter die Garderobe gelegt. Bald danach überzeugte er uns, dass eine zweite vor die Schlafzimmertür musste. Das Schlafzimmer war von Anfang an für ihn tabu. Doch nachdem die Treppe kein Hindernis mehr darstellte, hörten wir Nacht für Nacht, wenn wir zu Bett gegangen waren, wie unser treuer Gefährte im Dunkeln nach oben galoppierte, sich vor der Schlafzimmertür mit einem tiefen Seufzer und meistens mit einem Rumpler, der die Tür erzittern ließ, hinwarf und dort liegen blieb. Oft drang sein regelmäßiges Schnarchen durch die Ritze unter der Tür zu uns herein, denn um sicher zu sein, dass wir wirklich da drin waren, presste Wolle selbst im Schlaf die Nase an den Türspalt.

Zu seinen Schlafgewohnheiten gehörte auch, dass der Tiefschlaf auf dem Rücken stattfand. Wolle lehnte dabei gewöhnlich seitwärts an einer Tür oder Wand, um nicht umzukippen. Den Kopf legte er zur anderen Seite. Alle vier Beine ragten in die Luft. Wenn Herrchen ihm dann den Bauch streichelte, seufzte er tief vor Wohlbehagen. Manchmal träumte er offenbar von aufregenden Jagdabenteuern, denn plötzlich ruderten die hochgestreckten Beine wild durch die Luft.

Auch vor der Schlafzimmertür lag Wolle oft auf dem Rücken. Mit etwas plattgedrückter Nase passte er genau zwischen den Türrahmen. Machte einer von uns unüberlegt schnell von innen die Tür auf, dann purzelte Wolle schlaftrunken auf die Beine und starrte uns völlig verständnislos an.

Sein Leben lang bevorzugte unser Zottelbär Lagerplätze mit einem Dach über dem Kopf (er blieb halt ein Höhlentier). Als er noch ganz klein war, schlief er bei Tage gern unter der Couch. Eines Tages nahm das jedoch ein tragikomisches Ende. Wolle lag wieder einmal mit dem Kopf und der ganzen vorderen Hälfte unter der Couch und schlief. Da klingelte es. Er schreckte auf, wollte hoch und – blieb stecken. Er war ja schon beachtlich gewachsen. Verzweifelt strampelte er, stemmte sich, stieß sich ab – nichts half. Schließlich mussten wir den Ärmsten aus der Falle herausziehen. Nie mehr ist er unter die Couch gekrochen!

Jedes Mal, wenn wir wegfuhren und Wolle aus dem einen oder anderen Grund nicht mitnehmen konnten, hieß es vorher: »Schön warten! Herrchen und Frauchen kommen gleich wieder!« Dann ließ unser Hundekind enttäuscht den Kopf hängen, marschierte zu seiner Matte und legte sich resignierend darauf nieder.

Irgendwann wurde aus unserer Familie ein Rudel mit einer festen Rangordnung. Herrchen war der Boss. Ihm gegenüber war unbedingter Gehorsam angezeigt. Zwar versuchte der allmählich erwachsen werdende Rüde hin und wieder, seinen Dickkopf durchzusetzen, doch er erkannte schnell seine Grenzen und gehorchte mit fröhlicher Selbstverständlichkeit. Frauchen war und blieb sein Beschützer und Kumpel. Hatte er etwas ausgefressen, also ein schlechtes Gewissen und erwartete Schelte von Herrchen, verkroch er sich hinter mir oder – noch besser – unter meinem Stuhl. Dort fühlte er sich sicher. Einen Befehl von Frauchen befolgte er allerdings nur, wenn Herrchen nicht dabei war.

Handelte es sich jedoch ums Fressen, galt mir seine ungeteilte Aufmerksamkeit, denn ich fütterte ihn. Wolle hatte ganz bestimmt eine Uhr im Magen. Ich ging gewöhnlich um halb sieben Uhr abends in die Küche, um sein Futter vorzubereiten. Spätestens zehn Minuten vorher setzte er sich neben mich und ließ mich nicht mehr aus den Augen. Zentimeterweise rutschte er näher und noch näher. Blieb ich einmal fünf Minuten länger am Schreibtisch sitzen, griff er ganz behutsam mit der Schnauze nach meinem Handgelenk und fing an, mich wegzuziehen, und das mit so verhungertem Blick und so viel Aufsässigkeit, dass ich nicht widerstehen konnte. Von nun an behielt er mit mir Tuchfühlung, bis der volle Fressnapf dastand. Die nächsten Minuten war Wolle für nichts und niemanden ansprechbar. Erst wenn das Schüsselinnere blitzblank war und wie ausgescheuert glänzte, tauchte er aus seinem Fressnapf wieder auf. Offensichtlich war seiner Meinung nach nie genug drin!

Weil Fressen zu Wolles Lieblingsbeschäftigungen gehörte, war nichts Essbares vor ihm sicher. Als er jedoch eines Tages in einem unbewachten Moment ein großes Stück Emmentaler Käse vom Küchentisch klaute, war unsere Geduld am Ende. Von da an bekam er jedes Mal, wenn er mit etwas Essbarem allein im Raum blieb, den Befehl: »Nichts nehmen!« Und, o Wunder, das wirkte wie eine Vergatterung. Von Stund an konnte ich unseren Vielfraß vor einem Teller mit Wurststullen sitzen lassen und in den Keller gehen – Wolle rührte nichts an, und wenn der Speichel noch so tropfte. Vergaß ich allerdings die Mahnung, fühlte er sich absolut nicht verpflichtet, um der guten Erziehung willen zu hungern.

Eines Tages – unser Telefon war gestört, es stand auf meinem Schreibtisch – erschienen zwei Handwerker, um die Leitung zu überprüfen, breitschultrige Riesenkerle, die reinsten »Schränke«. Aber weil Wolle neben mir lag, steckten sie nur ganz vorsichtig den Kopf durch den Türspalt und verlangten, wir sollten »den erst anbinden«.

Da wussten wir, dass aus unserem Wollknäuel ein Hund geworden war.

Als erwachsenes Mitglied eines menschlichen Gemeinwesens muss man Steuern zahlen und einen Pass besitzen. Beides galt auch für Wolle. Er bekam eine Steuernummer und einen Impfpass.

Das Blechschild mit der Steuernummer steckten wir in ein Ledertäschchen und befestigten es an Wolles Halsband. In den Impfpass klebten wir sein Foto.

Achtzehn Jahre lang begleitete uns Wolle auf fast allen Fahrten und Wegen. Dabei konnte ihm nichts Schlimmeres passieren, als uns aus den Augen zu verlieren. Manchmal, wenn er vorauslief, versteckten wir uns hinter einem Baum oder einer Straßenecke. Dann kam er aufgeregt zurück, rannte hin und her und suchte verzweifelt, bis er uns entdeckte. Es folgte ein kurzes befreites Bellen, oft sprang er auch glücklich an uns hoch, machte beruhigt kehrt und lief wieder voraus.

Im Dunkeln mochte er es gar nicht, wenn etwas Unbekanntes »im Weg stand« – ein Motorrad, ein Bauzaun, eine Mülltonne –, das nicht da hingehörte. Er blieb stehen, die Hinterbeine gegrätscht, und bellte das fremde Objekt wütend an, bis er erkannte, dass es damit nicht zu beeindrucken war. Dann trottete er weiter. Allerdings äußerst vorsichtig.

Bevor wir zum ersten Mal mit Wolle nach Polen fuhren, mussten wir mit ihm zum Kreistierarzt. Der Impfpass allein genügte nicht für den Grenzübertritt. Wir fuhren also mit unserem treuen Begleiter nach Potsdam, um uns die erforderliche Bescheinigung zu besorgen. Sie durfte nicht älter als drei Tage sein. Es war ein heißer Sommertag. Der zuständige Tierarzt amtierte in der ersten Etage eines Altbaus. Noch nie hatte unser Hund eine Treppe mit so hohen Stufen erstiegen. Tapfer marschierte er los, kam ungefähr bis zur Mitte des ersten Absatzes und beendete den Versuch mit einer Bauchlandung. Also wieder runter. Jetzt nahm er Anlauf und galoppierte in einem Ritt bis nach oben. Geschafft! Aber die Anstrengung (oder Aufregung?) muss sehr groß gewesen sein und durstig gemacht haben. Ehe wir begriffen, was geschah, sahen wir unseren Helden in einer offenen Tür verschwinden. Er muss einen sechsten Sinn gehabt haben, denn als wir ihm folgten, gerieten wir in einen Wasch- und Toilettenvorraum. Dort stand Wolle bereits vor einem vollen Wassereimer und soff, ohne aufzusehen.

Als wir heimfuhren, hatten wir es schriftlich, dass Wolle gesund und geimpft war. Und das für ganze drei Mark der DDR.

Da wir öfter über die Oder fuhren, brauchten wir noch manches Mal eine solche Bescheinigung. Meistens, wenn wir zur Tür hereinkamen, lachte der Kreistierarzt, sagte nur: »Wolle will wieder mal nach Polen!«, und drückte seinen Stempel auf das Papier.

Die Tagesausflüge über die Grenze brachten die verschiedensten Hundeabenteuer mit sich. Einmal legte Wolle sich mit einer polnischen Kuh an. Wütend rannte er auf einer Wiese an einem Drahtzaun hin und her, hinter dem eine Rinderherde weidete. Daraufhin kam eine Kuh angetrottet, um den respektlosen Frechdachs zu bestaunen. Aber anstatt zu erschrecken, drehte Wolle sich kurzerhand um, hockte sich hin und machte unmittelbar vor dem schwarz-weißen Ungeheuer seine Geschäftsstelle auf.

Den größten Heiterkeitserfolg erzielte er jedoch, als wir wieder einmal mit ihm aus Polen zurückkamen. Der Tag war lang und heiß gewesen. Da sich nichts Interessantes mehr ereignete, hatte Wolle sich im Wagen nach unten verzogen und schlief, als wir in Frankfurt/Oder auf der Stadtbrücke zur Kontrolle anhielten. Damals prüften die Polen und die Grenzer der DDR gemeinsam die Papiere. Der deutsche Grenzer streckte die Hand durchs Fenster in den Wagen nach unseren Ausweisen. In diesem Moment schoss Wolle mit lautem Gebell aus der Tiefe hoch. Der Grenzer schrie auf, sprang erschrocken zurück und winkte uns kreidebleich unter dem schallenden Gelächter der Polen durch die Absperrung. Die Ausweiskontrolle hatte er vergessen.

Zu den Polenabenteuern gehörte auch ein Besuch bei Freunden in den Beskiden. Dort nahmen wir Wolle abends mit in unser Zimmer, damit er keine Dummheiten anstellte. Morgens wachten wir davon auf, dass er vor unserem Bett stand und uns unverwandt anstarrte. Er hat es nie gemocht, wenn einer von uns schlief. Es schien ihn in höchstem Maße zu beunruhigen und sogar zu ängstigen.

Begeistert begleitete er uns auf einer Bergwanderung. Den Weg legte er gleich mehrmals zurück. Er lief vor, wollte Schmetterlinge fangen, sprang selig hoch, machte kehrt und kam angelaufen, um uns mit einem Nasenstüber seine Freude zu bezeigen ...

Doch auch diesseits der Oder gab es manchen Ausflug. Einmal ging es durch den Spreewald. Zu Fuß – denn eine Kahnfahrt wollten wir unserem wasserscheuen Kumpel ersparen – wanderten wir von Lübbenau nach Lehde. Ins dortige Museum kam Wolle mit. Interessiert sah er sich um.

Doch als er unvermittelt vor einem ausgestopften Storch stand, wurde es ihm ungemütlich. Er bellte ihn an und war außer sich, dass der blöde Vogel nicht die Flucht ergriff.

Zu Hause hatte Wolle ganz bestimmte Gewohnheiten entwickelt. Wenn ich in die Küche ging, kam er mit. Es könnte ja etwas Nahrhaftes runterfallen! Er kroch dann in die dunkelste Ecke unter dem Küchentisch. Sie wurde zu seiner Höhle, aus der ihn niemand herausholen durfte. Für Leberwurst und Nüsse ließ er alles andere stehen. Brutzelte ein Broiler im Grill, dann leckte er voller Gier den ganzen Küchenfußboden ab, um eventuelle Spritzer nicht zu verpassen. Alkohol war ihm in jeder Form ein Gräuel. Ein leeres Schnapsglas vor die Nase gehalten, und unser Liebling trat prompt den Rückzug an. Von Rohkost hielt er gar nichts. Die einzige rohe Möhre seines Lebens fraß er dem jungen Hund von Verwandten weg. Sie hatten ihn bei einem Besuch mitgebracht. Wolle duldete den Eindringling nur widerwillig, und als der rohe Möhren fraß, klaute Wolle ihm eine und würgte sie aus Protest mit Todesverachtung herunter.

Überhaupt hatte er höchst eigenwillige Sympathien und Antipathien, egal ob es sich um Menschen oder Hunde handelte. Manche Menschen liebte er aus unerfindlichen Gründen, andere akzeptierte er herablassend, weil sie ihm jedes Mal ein Würstchen mitbrachten, um seine Gunst zu gewinnen. Dackel und Pudel waren ihm generell verhasst, und mit jedem großen Schäferhund legte er sich eifrig an. Er wusste genau, wo einer hinter dem Gartenzaun auftauchen musste. Nur vom Zaun getrennt, rasten die beiden dann laut bellend hin und her, dass der Sand nur so stiebte. Klingelte das Telefon, spielte er verrückt, vermutlich aus Eifersucht, weil das

Ding stets einen von uns mit Beschlag belegte. Im Fernsehen bevorzugte er Fußball und Krimis. Was er dabei sah –?

Auf jeden Fall tauchte er zu derartigen Sendungen auf und starrte gebannt auf den Bildschirm. An jedem Mittwoch um zwölf Uhr mittags gingen in der DDR alle Feuerwehrsirenen im Probelauf, und entsprechend heulten sämtliche Hunde, auch Wolle. Er reckte den Kopf steil nach oben und heulte wie ein Wolf.

Mit seiner Spürnase fand er selbst im Dunkeln jeden auf der Straße herumliegenden Knochen, trug ihn nach Hause und legte ihn uns dort als Beute vor die Füße. Warum er dafür kein Lob bekam, hat er nie so recht begriffen. Großes Lob gab es dagegen, wenn er Äste und Zweige anschleppte. Mitunter waren sie so lang und schwer, dass er nur mit Verrenkungen, mehreren Anläufen und manchmal sogar quer durch die Haustür kam.

Zum Tierarzt mussten wir regelmäßig mit ihm wegen der jeweils fälligen Impfungen. Es grauste uns immer vor der langen Warterei, bei der sich gewöhnlich alle im Wartezimmer anwesenden Hunde wechselseitig im Bellen überboten. Wolle war stets in heller Aufregung. Einmal hob er dort das Bein und pullerte mich an, was natürlich allgemeines Gelächter auslöste. Die dummen Leute begriffen einfach nicht, dass Wolle seinen Besitzanspruch markierte, damit keiner ihm sein Frauchen wegnahm!

Wolle war ein guter Läufer und Springer. Am schnellsten konnte er laufen, wenn wir ihm befohlen hatten, Platz zu machen und liegen zu bleiben, während wir weitergingen. Das mochte er überhaupt nicht. Mehr als einmal haben wir ihn ertappt, wie er, wenn wir nicht hinguckten, sich fünf oder zehn Meter vorzuschleichen versuchte. Sowie Herrchen die Hand hob und ihm damit das sehnsüchtig erwartete Signal zum Kommen gab, schoss er hinter uns her, als wollte er Sieger in einem Windhundrennen werden. Die Beine wurden dann ganz kurz, und der langgestreckte Körper flog dicht über dem Boden hin. Gebell und Luftsprünge gehörten zum Begrüßungsritual, wenn er bei uns anlangte.

Häufig wurden wir von Fremden nach Wolles Rasse gefragt. Weil gewisse Menschen nur Rassehunde für würdig halten, Hund zu sein, und die Menschheit (zumindest dieser Teil derselben) ohnehin betrogen sein will, machten wir solchen Leuten weis, wir hätten ihn von einer Reise mitgebracht – ein sibirischer Taigahund! Wer es genauer wissen wollte, erfuhr noch, dass die Sorte in Sibirien zum Bärenaufstöbern und als Schlittenhund diente. Wolle kassierte dann – hochnäsig und stolz, wie er dreinblicken konnte – scheue oder interessierte Bewunderung.

An einem Wintertag lauerte der achtjährige Nachbarsjunge uns auf und fragte, ob Wolle ihn nicht einmal auf dem Schlitten ziehen könne. Unserem Dicken machte das nichts aus, obwohl er nur ein ganz normales Halsband umhatte. Eifrig rannte er mit dem Schlitten die Straße rauf und runter. Als ich später zufällig aus dem Küchenfenster sah, stand ein halbes Dutzend Kinder mit Schlitten vor dem Gartentor. Auf meine Frage, was oder zu wem sie wollten, stellten sie die Gegenfrage: »Kommt der Hund noch mal raus?« An dem Nachmittag mussten wir uns durch die Terrassentür und den Garten mit Wolle davonschleichen.

Irgendwann entdeckte er den Spiegel am Schlafzimmerschrank. Er blieb davor stehen, zögerte, näherte sich ganz langsam seinem Spiegelbild und tippte vorsichtig Nase auf Nase. Dann sah er mich an, fragend und irgendwie unsicher.

Allmählich machten die Jahre sich bemerkbar. Wolle wurde ein alter Hundeherr. Treu und selbstverständlich begleitete er uns, doch es ging manchmal ein wenig langsamer als früher. Das Gehör ließ nach und auch das Sehvermögen.

Die Feuerwehrsirene, die Silvesterknallerei und auch das Klingeln des Telefons hörte er nicht mehr. Nur noch selten und unsicher gab er Pfötchen, weil er die Balance nicht mehr halten konnte. Stattdessen stupste er mich mit der Nase an. Schließlich musste Frauchen das doch auch kapieren!

Wenn ich am Küchentisch zu tun hatte, lehnte Wolle sich jetzt oft gegen meine Beine. Das gab ihm anscheinend Sicherheit. Häufig schmiegte er sich wie Schutz suchend an mich.

Nicht nur die Zähne taten weh – Wolle schleppte keine Äste mehr heim –, auch die alten Knochen wollten es bequemer haben. Eines Tages bemerkten wir auf der Couch eine Kuhle, die noch seine Wärme ausstrahlte. Er hatte erprobt, wie gut und weich es sich dort schlief. Erwischen ließ er sich auf der Couch allerdings nie! Seine tägliche Schlafdauer nahm deutlich zu. Fuhr jedoch der Moskwitsch für einen Ausflug vor, war unser Gefährte nach wie vor hellwach.

Doch eines Tages im Herbst bekam Wolle, der fast nie krank gewesen war, aus heiterem Himmel einen Kollaps. Er lag da, atmete schwer und reagierte auf nichts. Ich war allein zu Hause. Beim Tierarzt ging niemand ans Telefon. Ratlos und voller Angst überlegte ich – Kaffee? Schnaps? Warum sollte, was Menschen hilft, nicht auch bei Tieren wirken? Also klemmte ich dem widerstrebenden Patienten die Schnauze auf und goss ihm Kaffee und Wodka in den Schlund. Der überrumpelte Alkoholverächter schluckte zwar, aber er prustete voller Entsetzen. Nach einer halben Stunde wiederholte ich die Prozedur. Als Herrchen nach Hause kam, saß Wolle bereits und gab einen schwachen Beller von sich. Noch am selben Abend verabreichte der Tierarzt ihm zwei Spritzen und verordnete Tabletten. Die wurden bis in Wolles letzte Tage zum geliebten Leckerbissen, den unser Sorgenkind gewissenhaft abforderte. Was Wunder, wurden sie doch in Schmelzkäse oder Leberwurst verpackt!

Immer häufiger ließ Wolle sich die Treppe hinauftragen. Wenn Herrchen mit ihm auf dem Arm zu mir kam, langte er mit der Pfote nach mir oder fuhr mir sogar leicht verlegen mit der Nase übers Gesicht.

Das Ende der DDR, die politische und zugleich wirtschaftliche Wende, ging auch an Wolle nicht spurlos vorbei. Statt rohem Fleisch fand er jetzt in seinem Fressnapf Chappi, und als seine Magenprobleme ob der ungewohnten Kost nicht aufhörten, probierten wir es mit Pal und Haferflocken.

Wir trennten uns von unserem alten Wagen und kauften einen neuen. Für Wolle ein grässliches Fahrzeug: es hat nur zwei statt der gewohnten vier Türen, bedeutet also ein Ein- und Aussteigproblem für unseren alternden Begleiter; der Boden ist nicht flach und breit, als Schlafplatz absolut ungeeignet; die Kopfstützen lassen keine Hundepfote zum Auf-die-Schulter-Klopfen durch; die hintere Bank ist zu schmal, als dass ein schlafender Hund sich darauf richtig zusammenrollen, geschweige denn umdrehen könnte ... Fassungsloses Staunen malte sich in Wolles Gesicht, als die Heckklappe zum ersten Mal aufging und Herrchen unmittelbar vor ihm stand. Aber – besser all das als zu Hause bleiben! Unverdrossen zog unser Kumpel weiter mit uns durch die Gegend. Allerdings ließ er sich immer öfter ins Auto und auf den Rücksitz heben.

Dann kam der traurige Tag, an dem ich Wolle vergeblich rief. Er stand mitten in der Küche, kehrte mir den Rücken zu und horchte, von wo der Ruf kam, der ihn schwach erreichte. Ich musste ihn holen.

Am nächsten Morgen konnte er nicht aufstehen. Er lag in der Küche und taumelte bei jedem Versuch, sich zu erheben, zur Seite. Hilfeheischend, verstört und ratlos sah er uns an. Wir riefen den Tierarzt, denn wir hatten uns fest vorgenommen: Unser treuer Gefährte sollte sich am Ende seines Lebens nicht quälen müssen. Das waren wir ihm schuldig.

Auf seinem Grab im Garten blühen die Blumen. »Wolle 1975–1993« steht auf dem Stein.

Manchmal in hellen Nächten, wenn der Mond durchs Fenster scheint und das Licht auf den Fußboden fällt, wo Wolle so oft übernachtet hat, wache ich auf, und mir ist, als hätte ich sein vertrautes Bellen gehört. Dann bin ich ganz sicher – Wolle hat mit seiner fröhlichen Selbstverständlichkeit längst das Herz des alten Petrus erobert. Nun sitzt er dort oben am Himmelstor und wartet auf uns. Er ist uns ja immer vorausgelaufen.

LES MURRAY

Eine Hundeelegie

Der höfliche weißpfotige Hund, der sich bemühte,
sprachähnliche Laute an seine Menschen zu richten,
liegt in der Erde eines Abhangs begraben,
den er einst in bellendem Galopp hinabsauste.

Er hasste Donner und Flintenschüsse
und rannte sofort los, sie zu verhindern.
Ein Stadthund, zu lebhaft für die Hintergärten,
retteten wir ihn vor dem Grünen Traum des Tierheims.

Doch jetzt schmilzt sein Menschenname von ihm ab;
er wird sich erheben, um Flughunde und Bienen zu jagen;
der Korallenstrauch und die Blutblume
werden ihn aufnehmen, und die stachelige Myrtenheide.

Unsere Langhaarkatze, die ihn fälschlich für einen
Schäferhund hielt, floh mit Volldampf dort hoch,
schwankte acht Tage lang wie eine Wolke in den obersten
Ästen und destillierte Wasser in ihrem Pelz.

Die Kühe argwöhnen immer noch, dass der Hund lebt,
aber bei Tagesanbruch standen heute drei Kängurus
auf unserer Weide, seit Menschengedenken zum ersten Mal,
beohrte starrende Wigwams aus Fell.

ELIZABETH VON ARNIM

Alle meine Hunde

Die Kinder von Chunkie und Knobbie kamen in dem geißblattfarbenen Haus in der Provence zur Welt, das inzwischen ganz von Kletterrosen umrankt ist.

Chunkie war, als er das entsprechende Alter erreicht hatte, nicht der Hund, der das Hochzeiten auf die lange Bank schob. Und obwohl ich aus züchterischen Gründen darauf bedacht war, dass er Knobbie nicht zu nahe kam, konnte ich es doch nicht verhindern. Und neun Wochen später kamen ihre Jungen auf einem Sofa in meinem Schlafzimmer zur Welt.

Ich hatte alle Vorkehrungen getroffen, Knobbie an dem betreffenden Tage zum Tierarzt zu bringen. Aber ich hatte mich um eine Woche verrechnet. Eines Abends, als ich ruhig lesend im Sessel saß, während Knobbie mir zu Füßen lag, setzte sie sich plötzlich auf und starrte mich an.

Ihr Blick war so zwingend, dass ich vom Buch weg zu ihr sehen musste, das Buch fortlegte und sie fragte, ob sie hinauswolle.

Aber sie rührte sich nicht, sondern fuhr fort, mich anzustarren. Da ich nicht begriff, was sie eigentlich wollte, begann ich wieder zu lesen. Aber es gelang mir nicht, mich zu konzentrieren. Sie hielt ihre Augen so beharrlich auf mich gerichtet, dass ich aufstand und die Tür öffnete, um sie in den Garten hinauszulassen. Knobbie stahl sich jedoch heimlich in mein Schlafzimmer und sprang auf das Sofa, wo sie ihre Jungen warf.

Mit einem Male wurde das Haus lebendig. Mein Mädchen, das mein Schlafzimmer für die Nacht herrichtete, ließ alles stehn und liegen und kam laut schreiend zu mir heruntergestürzt, um mir mitzuteilen, was dort oben vor sich ging. Ich eilte hinauf, während der Chauffeur den Tierarzt holen ging. Wir waren alle sehr aufgeregt; nur Knobbie blieb ruhig.

Nach ihrem Verhalten vor dem Eintreffen des Tierarztes zu urteilen, hätte man meinen können, dass dies ihr zehntes Wochenbett und nicht ihr erstes war. Sie wusste genau, was sie mit jedem Neugeborenen zu tun hatte, und tat es auch. Sie war die Ruhe selbst und wollte nur allein gelassen werden. Und als der Tierarzt kam, hatte sie sechs Junge geworfen – zwei davon waren tot geboren infolge ihres Sprunges auf das Sofa.

Ich glaube, ich war auf die Kleinen ebenso stolz, wie Knobbie es war. Sie konnte sie unmöglich mehr lieben, als ich es tat. Und sie war eine sehr zärtliche Mutter.

Eine merkwürdige Folge hatte ihre Mutterschaft. Ich beobachtete, dass sie Chunkie plötzlich eine tiefe Abneigung zeigte. Ich konnte mir den Grund nicht erklären; sie hatte bei der Geburt ihrer Jungen nicht so sehr gelitten, als dass sie deswegen einen Groll gegen ihn hegen konnte. Dennoch schnitt sie ihm die fürchterlichsten Gesichter, wann immer er in ihre Nähe kam, und wagte er es gar, einmal einen Blick auf seine Nachkommenschaft zu werfen, knurrte sie ihn drohend an.

Das Erlebnis der Mutterschaft, das sie meiner Meinung nach doch eigentlich hätte noch sanfter machen sollen, hatte meine sanfte Knobbie in eine Wilde verwandelt! Ich erkannte sie nicht wieder. War das dieselbe Knobbie, die Chunkie ihre Ergebenheit nicht genug beweisen und die nicht einen Augenblick ohne ihn sein konnte, die ihn immer wieder zum Spielen verlockt und die es so glänzend verstanden hatte, ihm zu schmeicheln, indem sie seine Späßchen – ich bin sicher, dass er wie jeder Mann gerne welche zum Besten gab – so beifällig und, wie ich behaupte, lachend aufnahm? Darin unterschied sie sich in nichts von uns Frauen. Jedenfalls habe ich sicherlich ebenso rückhaltlos bewundernd wie Knobbie die Scherze und Witze der Männer belacht, die ich später heiraten sollte. Aber natürlich konnte ich später nicht mehr so aus vollem Herzen darüber lachen, denn ich hatte sie im Laufe meiner Ehen schon zu oft gehört; doch haben solche Wiederholungen den Vorteil, dass man es schließlich genau im Gefühl hat, wann der Beifall erwartet wird.

Aber jetzt lachte Knobbie nicht mehr. Seit der Geburt ihrer Jungen konnte ihr Chunkie durch nichts – was er auch immer anstellte und ihr in der für uns so geheimnisvollen Hundesprache mitteilte – ein Lächeln entlocken. Weniger höflich – oder soll ich sagen weniger verächtlich? –, aber aufrichtiger als ich, gab sie sich auch nicht einmal den Anschein, ihm zuzuhören. Sie dachte nur an ihre Kinder. Diese nuckelnden kleinen Geschöpfe nahmen ihre ganze Aufmerksamkeit in Anspruch; und meine nicht minder, denn ich machte die Erfahrung, dass man, sobald junge Hunde erst einmal herumkrabbeln, sehr auf sie aufpassen muss.

Eine Zeitlang glaubte ich, dass es mir möglich sein würde, sie alle zu behalten, weil eins so entzückend war wie das andere, aber als sie größer wurden, sah ich ein, dass es immer schwieriger werden würde, mit so vielen fertigzuwerden, und entschloss mich daher, wenn auch widerstrebend und schweren Herzens, zwei von ihnen an Freunde abzugeben.

Aber schließlich blieben mir ja immer noch vier Hunde, und als meine Bekannten Wind davon bekamen, schrieben sie mir, es wäre wirklich schade um mich. »Du lebst nur noch für Deine Hunde!«, schrieben sie, und tatsächlich kam es mir manchmal selbst so vor, so viel Zeit musste ich ihnen widmen, wenn sie ihr Recht bekommen sollten. Ich musste für ihr Futter sorgen, mit ihnen spazieren gehen, sie baden, bürsten und kämmen und vor allem die beiden Kleinen zur Stubenreinheit erziehen.

Vier Hunde sind wirklich eine ganze Menge, und es überraschte mich gar nicht, dass meine Bekannten sich darüber aufregten. Was für Freude und Spaß ich aber an ihnen hatte, davon wussten sie nichts. Gewiss, die Spaziergänge strengten mich manchmal sehr an, und in einem solchen Zustand der Ermüdung dachte ich zuweilen, dass ich mit der Aufzucht junger Hunde besser schon in früheren Jahren hätte beginnen sollen. Dennoch zählen diese achtzehn Monate, in denen ich alle vier um mich hatte, zu den glücklichsten, wenn auch »atemlosesten« meines Lebens.

Ich möchte allen Menschen, die Anlage zu Schwerfälligkeit haben und deren Blut dick zu werden beginnt, empfehlen, sich vier Hunde zu halten, von denen zwei noch jung sind, und sie nicht den Dienstboten zu überlassen, sondern sich selbst um sie zu kümmern.

Die zwei, die ich von Knobbies Wurf für mich aussuchte, hießen Woosie und Winkie. Was Winkie anbetrifft, meinen klugen und zärtlichen Winkie, so stand es von vornherein für mich fest, dass ich ihn behalten würde. Er war ganz weiß bis auf seine rechte Gesichtshälfte, die schwarz war, und einen schwarzen Fleck in der Mitte seines linken Ohres und zeichnete sich von Anfang an durch seine Anhänglichkeit und seine ausgesprochene Liebe zu mir aus. Er war ein Hund, der nur einem Menschen gehören konnte, und ich war dieser Mensch.

Was Woosie anging, so konnte ich mich nicht so schnell entschließen und überlegte eine ganze Weile, ob seine Vorzüge die der beiden andern übertrafen, bis ich mich doch für ihn entschied, weil er als Einziger von dem Wurf Chunkies Ebenbild zu sein schien.

Schien – denn es war nur äußerlich. Dem Wesen nach ließ sich kaum ein größerer Gegensatz denken, als zwischen ihm und seinem Vater bestand. Chunkie war ein wundervoller Hund, und Woosie war es durchaus nicht. Sie hatten dasselbe Fell und die gleiche Zeichnung, aber nicht denselben Charakter. Später, als ich die beiden andern schon fortgegeben hatte, begriff ich nicht, wie ich mich durch solche äußerliche Ähnlichkeit hatte beeinflussen lassen können. Schon nach zwei Monaten stellte es sich heraus, dass Woosie – außer dem Fell – auch nicht eine Spur von Ähnlichkeit mit seinem Vater hatte. Während Chunkie einen besonders schönen und edlen Kopf hatte, war Woosie merkwürdig plump und unförmig, und seine immer etwas verschleierten Augen spiegelten nichts von der Gutmütigkeit wieder, nichts von Chunkies philosophischer Haltung des Leben-und-leben-Lassen, die seine Augen so warm und ausdruckvoll machte. Wäre ich in Bezug auf junge Hunde nicht so unerfahren gewesen, würden mich Woosies Kopfform und die Verschlagenheit seines Blickes gewarnt haben; so aber bestach mich sein lockiges Fell, und zu spät erkannte ich, dass er sich immer mehr zu einem wahren kleinen Teufel entwickelte.

Wie die sanfte Knobbie ein solches Kind zur Welt bringen konnte, blieb mir unbegreiflich; wie zwei so vollkommene Hundeeltern zu einem solchen Sohn kamen, war mir rätselhaft. Zunächst nahm ich Woosies Schnappen und Knurren nicht ernst, sondern hielt es für Spielerei. Als er klein war, machte sich seine Rauflust naturgemäß noch nicht so bemerkbar, aber als er größer und kräftiger wurde, nahm sie bedenklich zu. Es war ein Glück, dass Winkie noch schneller gewachsen war, denn sonst wäre bei einer der häufigen brüderlichen Balgereien wahrscheinlich nichts von ihm übrig geblieben. Aber auch ohne dies wurde er manchmal übel zugerichtet. Sein linkes Ohr mit dem schwarzen Fleck in der Mitte, auf das ich so besonders stolz war, befand sich in ständiger Gefahr, abgerissen zu werden, und ich sah mich bald genötigt, in diese Balgereien einzugreifen, die ich bisher für harmlos gehalten hatte, und der Tatsache ins Auge zu sehen, dass Woosie ein schlechter kleiner Hund war, der jedes Spiel zu einem erbitterten Kampf machte.

Es war für mich besonders beunruhigend, wenn er sich im Auto mit den anderen herumzubalgen begann. Ich pflegte, als die beiden Kleinen alt genug dazu waren, jeden Nachmittag mit allen vier Hunden auszufahren. Und zwar um drei – weil ich mich nachher dem Strudel des gesellschaftlichen Lebens, das an der Côte d'Azur von fünf Uhr bis in die Nacht hinein andauert, nicht entziehen konnte. Wir fuhren weit hinaus in die Wälder und Felder abseits der Hauptverkehrsstraßen, damit sie ungefährdet draußen herumtollen konnten. Sobald der Wagen vorgefahren war, sprangen sie alle vier hinein, Knobbie vorne neben mich und die drei andern auf den Rücksitz, und sehr oft begann dann Woosie, anstatt wie die andern brav und ruhig zu sitzen, eine seiner geliebten Raufereien.

Es ist äußerst unangenehm, einen Wagen zu lenken, in dem Hunde sich raufen. Ich kann mir jedenfalls nichts Unangenehmeres und Aufregenderes vorstellen. Wenn man den Wagen anhält und die Hunde rauslässt, dann riskiert man es, dass sie überfahren werden. Wenn man ihn anhält und sie nicht rauslässt, riskiert man es, selbst, mehr oder weniger zerkratzt und blutig, aussteigen zu müssen. Anhalten muss man auf jeden Fall, und ich pflegte den Wagen so vorsichtig, wie es mir unter diesen Umständen nur möglich war, ganz nahe an den Straßenrand zu lenken – damit wir wenigstens vor Zusammenstößen mit anderen Autos sicher waren – und mich dann umzudrehen und durch energische Klapse und Scheltworte zu versuchen, die kämpfende Meute voneinander zu trennen.

Knobbie beteiligte sich niemals an diesen Raufereien, sondern verkroch sich im Gegenteil, sobald eine im Gange war, ganz in ihre Ecke und verzog schmerzlich das Gesicht. Chunkie fing zwar niemals einen Streit an, aber wenn einer ausgebrochen war, konnte er nicht widerstehen, mitzumachen; und hatte er sich erst mal in eine Schlägerei mit eingelassen, dann kämpfte er mit einer Zähigkeit und einem Spaß an der Sache, dass ich es mit der Angst bekam, weil ich befürchtete, dass sein strammer kleiner Bauch durch die scharfen Zähne eines seiner beiden wildgewordenen Söhne einen Riss bekommen könnte. Aber er kam immer heil davon, und auch von uns andern wurde niemals jemand ernstlich verletzt, obwohl man nach dem Lärm und der Heftigkeit des Kampfes hätte annehmen können, dass niemand mehr lebendig aus dem Wagen herauskommen würde. Auf dem Nachhauseweg aber herrschte Friede, weil sie sich inzwischen draußen ausgetobt hatten und nun müde waren.

Aber um diesen Zustand der Erschöpfung zu erreichen, mussten sie sehr ausgiebig bewegt werden. Von allen Hunderassen sind die Terrier bestimmt die lebhaftesten. Um dem ihrem Wachsen entsprechenden größeren Bedürfnis nach Bewegung gerecht zu werden, mussten wir unsere Spaziergänge täglich länger ausdehnen. Und wenn ich mich nicht daran beteiligte, sondern mich einfach auf einen Baumstumpf setzte, während sie einander jagten, dann ließen sie augenblicklich davon ab, kamen auf mich zu und setzten sich auch – jaulend und vor Ungeduld japsend, wieder loszusausen, und ruhten nicht eher, als bis ich mich erhob und weiterging.

Es war furchtbar ermüdend. Sie waren am Allerheiligentag geboren, und jetzt, mit ihren sechs Monaten, konnten sie kein Ende finden, sich in der warmen Mailuft herumzutummeln. Für mich war es nicht so leicht, in diesem südlichen Frühling noch so viel Aktivität aufzubringen. Aber das machte ihnen nichts aus, und von der leichtfüßigen und anmutigen Knobbie angeführt, rannten sie, gefolgt von dem kurzbeinigen, aber nie erlahmenden Chunkie, über die Felder dahin, als ob es so etwas wie Hitze überhaupt nicht gäbe, während ich, weit hinten, ihnen mehr nachkroch als ging und schon zufrieden war, wenn ich die vier kleinen weißen Gestalten nicht aus dem Auge verlor.

Für mich war der schönste Moment unserer Ausflüge der, wenn wir endlich zu unserm Auto zurückkamen. Dann sank ich, nachdem ich sie alle sicher hineinbugsiert hatte, mit einem Seufzer der Erleichterung auf meinen Führersitz und dankte Gott, dass ich für den Rest des Tages nicht mehr weiterzulaufen brauchte. Dennoch fühlte ich mich für diese täglichen Anstrengungen reichlich belohnt. Sie erhielten mir meine Spannkraft und meine Leichtigkeit und verhinderten, dass mein Rücken jene Krümmung annahm, die keinem Menschen zur Zierde gereicht; sie sorgten dafür, dass ich nicht kurzatmig und korpulent wurde; und überdies lehrten sie mich, wie köstlich es sein kann, still zu sitzen.

»Man hat uns erzählt«, schrieben meine Bekannten, »Du wärst so dünn geworden. Solche Magerkeit steht Dir bestimmt nicht. Natürlich sind Deine Hunde daran schuld.«

Nein, alles in allem machten sie mir keinen Kummer, nur Woosie war noch immer derselbe kleine Teufel geblieben; aber als er starb, schmerzte es mich doch. Und sein Tod war mir deshalb nicht weniger schmerzlich, als er ihn selbst durch seine Unachtsamkeit und seinen Ungehorsam verursacht hatte.

Woosie zeigte schon von frühester Jugend an eine ausgesprochene Abneigung dagegen, irgendjemandem zu gehorchen. Ich mochte pfeifen, bis mir der Atem ausging, ihn rufen, ihm drohen, ihn bitten und anflehen: er beschäftigte sich weiter mit dem, was ihn gerade interessierte, und tat so, als ob ihn das alles nichts anginge. Wenn ich ihn schließlich eingefangen hatte – die einzig mögliche Methode, seiner habhaft zu werden –, drohte ich ihm mit der Peitsche, worauf er beißen wollte und es manchmal sogar auch tat; und wenn ich ihn, um ein weiteres Ausreißen zu verhindern, an die Leine nahm, setzte er sich hin und weigerte sich störrisch, mitzugehen. Ich brachte es nicht über mich, ihn hinter mir herzuzerren; das wusste er ganz genau und rührte sich daher nicht von der Stelle, bis ich, zu guter Letzt nachgebend, ihn losmachte und trotz seines wütenden Strampelns und Schnappens hochnahm und eine Weile auf dem Arm trug – nur um ihm zu beweisen, dass er mit uns zu kommen und sich nicht selbstständig zu machen und in Gefahr zu begeben hätte.

Aber was nützte das schon? Kaum hatte ich ihn wieder niedergesetzt – und ich musste das sehr bald tun, denn niemand kann einen sich wehrenden strampelnden Hund lange tragen –, schoss er schon wieder davon, und oft verlockte er Winkie, der sonst so ungewöhnlich gehorsam war, ihm nachzujagen. Doch Winkie konnte ich jederzeit zurückpfeifen. Er war eigentlich nur glücklich, wenn er mich in seiner Nähe wusste, und obwohl er, nachdem ich die Wagentür aufgemacht hatte, in der ersten Begeisterung über die wiedergewonnene Bewegungsfreiheit mit den anderen davonraste, war er doch der Einzige, der hin und wieder stehen blieb und sich nach mir umsah, ob ich auch nachkäme, sodass er, ebenso wie seine erfahrenen Eltern, beim Überqueren einer Straße keine Gefahr lief, denn wenn er auch als Erster ankam, er wartete immer, bis ich auch da war, und lief erst auf meinen Befehl schnell auf die andere Seite.

Woosie hingegen dachte gar nicht daran, auf mich zu warten oder sich beim Überqueren der Straße zu beeilen. Im Gegenteil, er, dem sonst nie etwas schnell genug gehen konnte, überquerte eine Straße mit geradezu aufreizender Langsamkeit. Zuweilen blieb er mitten auf dem Fahrdamm stehen und schnüffelte interessiert auf dem Boden herum, als ob es solche Dinge wie um die Ecke sausende und mit rücksichtsloser französischer Unverschämtheit auf ihn zuschießende Autos gar nicht gäbe.

Das war sein Verderben. Eines Tages, als ich mit den anderen Hunden wie gewöhnlich über eine unbelebte Straße lief, blieb er wie gewöhnlich in der Mitte zurück. Auf der anderen Seite angekommen, rief und pfiff ich wie gewöhnlich nach ihm, und wie gewöhnlich nahm er keine Notiz davon. Es war nur eine Landstraße zweiter Ordnung, auf der ich bisher noch nie ein Auto gesehen hatte. Daher ging ich auch nicht sofort zurück, um ihn zu holen, wie ich es auf einer Hauptverkehrsstraße getan haben würde, sondern ging ein paar Schritte auf die Heckenrosen am Feldrain zu und bat ihn nur, doch ein guter Hund zu sein und zu kommen. Und diese wenigen Schritte genügten schon, um es unmöglich zu machen, noch rechtzeitig zu ihm zu gelangen, um ihn vor einem um die Ecke rasenden Auto zu retten.

Es war schon geschehen, bevor ich die Straße wieder erreichte, und unbekümmert darum, was es angerichtet hatte, setzte das Auto seinen Weg fort. Woosie lebte noch, aber ohne Bewusstsein. Ich hob ihn auf und fuhr in wahnsinnigem Tempo zum nächsten Tierarzt, den Verunglückten neben mir, während die drei andern Hunde sich, richtig erschrocken, in einer Ecke auf dem Rücksitz zusammendrängten.

Unterwegs kam das arme Tier wieder zu sich, und das war furchtbar. Ich musste das Tempo mäßigen, um durch das Schütteln des Wagens seine Qualen nicht noch zu vermehren, und es schien mir, als sollten wir nie zu dem Tierarzt kommen. Verzweifelt malte ich mir aus, was geschehen würde, wenn der Tierarzt nicht da wäre. Ich bin oft in meinem Leben dankbar gewesen, sehr, sehr dankbar, aber niemals habe ich ein so tiefes Gefühl der Dankbarkeit empfunden wie in jenem Augenblick, als ich erfuhr, dass der Mann zu Hause war.

Gemeinsam trugen wir meinen armen kleinen Hund auf den Operationstisch, wo er, inzwischen etwas ruhiger geworden, so liegen blieb, wie wir ihn hingelegt hatten, die Augen auf mich gerichtet, auf die er, als er noch gesund war, so wenig gehört hatte. In diesem letzten schrecklichen Augenblick war ich seine einzige Hoffnung – was für eine armselige Hoffnung! Ich konnte nichts anderes tun als seinen armen Kopf streicheln und ihm zuflüstern – während ich im Stillen nur den einzigen Wunsch hatte, dass der Tierarzt seinen Leiden so schnell wie möglich ein Ende machen solle –: »Bald wird es dir wieder bessergehen, Liebling, viel, viel besser …«

Er schien es zu verstehen und auch zu glauben. Er wandte seine Augen nicht von mir, bis das tödliche Mittel, das der Tierarzt ihm gab, sie allmählich trübte. Er hätte nicht weiterleben können, seine Verletzungen waren zu schwer. Und was, fragte ich den Tierarzt, als alles vorüber war, hielt er von den Leuten im Auto, die genau wussten, was sie angerichtet hatten – denn ich hatte gesehen, wie sie sich umdrehten und zurückblickten –, und trotzdem unbekümmert weiterfuhren? Ob er glaube, dass es für solche Leute irgendeine Entschuldigung gäbe?

Er zuckte die Schultern. »Après tout, Madame«, sagte er, »ce n'est qu'un chien.«

Es schien mir, als ich mit Woosie, den ich in ein von dem Tierarzt erbetenes Tuch eingeschlagen hatte – mit Woosie, der im Leben nie still gewesen und nun für immer verstummt war –, heimfuhr, dass das Leben voller Grausamkeit und Leiden war und dass der Tod die einzige Erlösung davon bedeutete. Ich hatte das Leben immer hoch geschätzt – denn von wenigen Schicksalsschlägen abgesehen war es mir immer gutgegangen –, aber nun begann ich, den Tod als etwas Wunderschönes zu empfinden. Er machte allem ein Ende, aller Qual und allem Leid. Wahrscheinlich werden Menschen, die immer ein sorgloses und bequemes Leben geführt haben, meine Gedankengänge während jener Heimfahrt für krankhaft und übertrieben halten, aber ich glaube, dass sie der Wahrheit näherkamen. Und als ich das tote kleine Tier, das noch vor einer Stunde so voller Lebensfreude gewesen war, nun so kalt und reglos zu meinen Füßen liegen sah, war ich nur von dem einzigen Wunsch beseelt, seine Verzeihung zu erbitten und die aller armen hilflosen Geschöpfe, denen die Menschen durch ihre Unbarmherzigkeit so viel Böses zufügen.

Unterwegs traf ich einen Esel – ein mageres, elend aussehendes Tier, das, mühsam dahintrottend, mit seinen letzten Kräften einen mit Waren beladenen Wagen zog und von einem dicken Mann zur Eile angetrieben wurde. Aber alle Anstrengung half ihm nichts, er wurde doch geschlagen – hart und oft! Und als ich mir das Gesicht des Kutschers betrachtete, dachte ich, dass das Leben für einen abgearbeiteten Esel, einen getretenen Hund und eine misshandelte Katze eine wahre Hölle wäre.

Doch zu Hause angekommen, umgab mich der himmlische Frieden eines südlichen Sommerabends. Hölle – hatte ich gedacht –, nein, das war eine Übertreibung. Die Sonne war schon untergegangen, aber am Horizont schimmerte es noch golden. Die Esterels mit ihren zackigen Gipfeln hoben sich als dunkle Silhouette von einem noch hellen Himmel ab. Die Zypressen standen so ernst und feierlich da wie lebende Denkmäler zur Ehre Gottes; und über der Landschaft lag eine so andächtige Stille, dass es schien, als spräche die ganze Welt um diese Stunde ihr Nachtgebet. Aber das tat sie nicht. Jene Leute, die mit ihrem Auto Woosie getötet hatten, mussten inzwischen Monte Carlo erreicht haben und taten jetzt vermutlich etwas ganz anderes als beten; und in den Bauernhäusern, deren Fenster nach und nach aufleuchteten, gab es nach Ansicht ihrer Bewohner wenig Grund, Gebete zum Himmel zu schicken.

Aber in was für einer Welt lebten wir denn eigentlich, fragte ich mich verwirrt und bestürzt. War ihre Schönheit nur ein bloßer Hohn? Nichts als ein schlechter Scherz, den man sich mit Gottes hilflosen Geschöpfen erlaubte? War sie nur wie ein schützender Mantel über eine Welt des

Schreckens gebreitet, sodass, wenn ein Zipfel gelüftet wurde, etwas so Furchtbares zu sehen war, so viel Leiden und Grausamkeit, dass niemand seinen Frieden wiederfinden konnte?

Der Gärtner half mir Woosie begraben. Wir begruben ihn schweigend – er stellte keine Fragen, und ich gab keine Erklärung ab. Als wir das kleine Grab zugeschaufelt hatten, war die kurze südliche Dämmerstunde vorüber, und die Sterne kamen hervor.

»Fleckenlose Reinheit – göttliche Harmonie ...«

Oh, diese Poeten!

Meine anderen drei Hunde waren mir nun fast schmerzlich ans Herz gewachsen. Nicht, dass ich irgendwelche Besorgnisse hegte, dass sie Woosies Schicksal teilen könnten, denn Knobbie und Winkie gehorchten mir aufs Wort, und wenn Chunkie auch nicht immer gleich im ersten Augenblick tat, was er sollte, so benahm er sich doch beim Überqueren der Straßen so verständig, dass ich nicht um ihn bangen musste; aber nach Woosies Tod schienen wir uns alle in ungetrübter Harmonie noch enger zusammenzuschließen. Raufereien gehörten nur mehr der Vergangenheit an. Ich hatte es nicht mehr nötig zu schelten, geschweige denn mit der Peitsche zu drohen. Und Winkie entwickelte in dieser Atmosphäre friedlicher Eintracht eine so erstaunliche Intelligenz und ein so rasches Auffassungsvermögen, dass er wirklich ein außergewöhnlicher Hund zu werden versprach.

So war zum Beispiel sein Benehmen in einer höchst schwierigen und unangenehmen Situation tatsächlich außergewöhnlich. Ich wachte eines Nachts davon auf, dass ich hörte, wie er aus seinem Korb kletterte und zu schlucken, aufzustoßen und zu würgen begann, alles Anzeichen, die darauf hindeuteten, dass ihm übel war und dass er sich übergeben wollte. Da ich gerade einen neuen Teppich gekauft hatte, wurde ich völlig kopflos und lief wie ein aufgescheuchtes Huhn im Zimmer umher, von der Balkontür zur Tür, die in den Korridor führte, ohne einen Entschluss fassen zu können – obwohl ich nichts anderes dachte, als dass Winkie schleunigst aus dem Zimmer müsse. Er aber drehte sich, trotzdem er von heftigem Aufstoßen geplagt wurde, zu mir um und sah mich mit einem so sprechenden Blick an, als ob er sagen wollte: »Reg dich nicht auf – das ist meine Angelegenheit!«, und ging dann schluckend, aber mit klarem Kopf in mein Badezimmer, wo er sich vor den Waschtisch hinstellte und sich bedächtig und vorsichtig nur in das Becken übergab.

Ich meine, es ist nur zu begreiflich, dass einem ein so verständiger Hund besonders teuer ist. Und Winkie besaß, außer seiner Klugheit und Selbstbeherrschung, noch den Vorzug, ausschließlich mich zu lieben. Es ist etwas Wunderbares, ausschließlich geliebt zu werden! Wann immer es mir geschah, empfand ich es als unendlich beglückend. Und Winkie blieb mir sein ganzes Leben lang treu, so treu wie ein guter Ehemann, der über der geliebten Frau alle anderen vergisst.

Nur selten wandte er seine schönen sprechenden Augen von mir ab. Wenn er sich schlafen legte und sie schließen musste, blieb der Gedanke an mich in seinem Herzen noch so lebendig, dass er sie bei meiner geringsten Bewegung sogleich wieder öffnete und mich forschend ansah, als wollte er mich fragen, ob er irgendetwas für mich tun könne; und wohin ich immer ging, begleitete er mich, und wenn ich irgendwo saß, setzte er sich neben mich und legte den Kopf in meinen Schoß.

Ja, ich hing sehr an ihm. Von allen meinen Hunden, Coco nicht ausgenommen, habe ich ihn am meisten geliebt. Und ich sage das so, als ob meine Liebe der Vergangenheit angehörte, weil auch er mir durch den Tod entrissen wurde.

Dieses Buch weist genauso wie das Leben, je mehr es sich dem Ende zuneigt, immer neue Gräber auf; und es scheint, dass ein Hund, an dem man besonders hängt und auf den man besonders achtgibt, viel leichter stirbt als andere. Der Hund von meinem Milchmann, der niemals ein freundliches Wort zu hören bekommt und halb verhungert und immer angekettet ist, stirbt nicht; ein alter elsässischer Hund aus der Nachbarschaft, der sich immer auf die Straße legt, wird nicht überfahren, und der alte Jagdhund, der dem Briefträger gehört und der so schwach ist, dass er sich kaum noch bewegen kann, lebt immer noch weiter. Nur Winkie musste in der Blüte seiner Jugend sterben – Winkie, den ich so geliebt, gepflegt und gehütet habe –, er allein, von allen Hunden, die hier herumlaufen, fiel unter den Millionen Zecken, die auf Sträuchern und Grashalmen darauf lauern, sich in dem Fell der Hunde festzuhaken, der einen Zecke zum Opfer, die den Tod bringt. Und so gab es in meinem Leben wieder ein neues Grab.

Aber obwohl ich über seinen Tod sehr traurig war und Winkie lange Zeit sehr schmerzlich vermisste, so empfand ich doch nicht dieselbe Verzweiflung, die mich überkam, als Woosie starb. Winkies Tod löste keine Verbitterung in mir aus. Man kann eine Zecke nicht für ihr Tun verantwortlich machen. Zecken müssen auch leben, so wie wir alle, und die Natur hat es so eingerichtet, dass ihnen das nur möglich ist, wenn sie anderen tierischen Geschöpfen, vor allem den Hunden, das zu ihrem Leben nötige Blut aussaugen. Was bleibt einem da anderes übrig, als wachsam und unermütlich zu versuchen, in diesem Fall der Natur das Handwerk zu legen? Zecken gegenüber hat meine Einsicht und meine Ergebenheit in das Schicksal keine Grenzen, und ebenso grenzenlos ist die Geduld, mit der ich jetzt, nach der traurigen Lehre, die mir zuteilwurde, meine noch lebenden Hunde nach diesen unheilbringenden Parasiten absuche. Ich verfolge sie ohne jeden Rachegedanken, aber nichtsdestoweniger unerbittlich mit nie erlahmendem Eifer, sodass eine Zecke es schon schlau anstellen muss, um in Zukunft dem erbarmungslosen Zugriff meiner Pinzette zu entgehen.

Aber das gibt mir Winkie nicht zurück, und es tut mir weh, wenn ich daran denke, dass ich ihn hätte retten können, hätte ich zu seinen Lebzeiten den Zecken schon ebenso viel Beachtung geschenkt wie jetzt. Während dieser gefährlichen heißen Monate von April bis Oktober hätte ich meine Hunde niemals verlassen dürfen; da ich aber annehmen musste, dass alles mit ihnen in Ordnung wäre – denn sie fraßen, schliefen und spielten wie gewöhnlich, und dass Winkie nicht ganz so viel wie die anderen herumtollte, fand ich in dieser Hitze nur vernünftig von ihm –, ließ ich sie im Sommer eine kurze Zeit allein und machte einen Ausflug nach Korsika.

Wieso ich, die ich so häuslich bin, gerade damals im August auf den Gedanken kam, eine kleine Reise zu unternehmen, das lag daran, dass mein Geburtstag in den August fällt, und ein Geburtstag ist, wie ich in Pommern gelernt habe, ein sehr wichtiges Ereignis, das man nicht sang- und klanglos übergehen darf. Das hat sich mir so tief eingeprägt, dass es mir seither unmöglich ist, keine Notiz davon zu nehmen. Die Zeit verstreicht, ich werde immer älter, und doch überkommt mich jedes Jahr, wenn der August im Anzuge ist, eine freudige Unruhe, ein Gefühl der Erwartung und das Bedürfnis, meinen Geburtstag irgendwie festlich zu gestalten. Das ist Pommern, das sich dann so in mir bemerkbar macht, und ich kann nicht vergessen, dass es an diesem Tag, der sich von allen anderen Tagen unseres Lebens unterscheidet, sowohl unsere Pflicht wie unser Recht ist, etwas Außergewöhnliches zu unternehmen.

Infolgedessen überlege ich mir jedes Jahr ernsthaft, in welcher Richtung dieses Außergewöhnliche wohl liegen könne. Aber es kommen da nicht mehr sehr viele Möglichkeiten in Betracht, und die Auswahl ist vor allem auch deshalb so gering, weil ich allein lebe und keinen Mann und keine Kinder mehr um mich habe, die dafür sorgten, dass dieser Tag mit einem Kuchen und einem brennenden Lichterkranz festlich eingeleitet wird. Meinen vorletzten Geburtstag verbrachte ich, da ich keine Möglichkeit sah, diesen Tag besonders vergnügt und zugleich würdig zu feiern, schmollend im Bett; und als einige junge Globetrotter meiner Bekanntschaft – weibliche Globetrotter, denn es gibt solche beiderlei Geschlechts –, die gerade in Calvi waren, mich einluden, sie in dem, wie sie behaupteten, schönsten Badeort der Welt zu besuchen, nahm ich das als einen Wink des Himmels, der allen Überlegungen ein Ende machte, und fuhr, ohne einen Augenblick zu zögern, zu ihnen nach Korsika.

Korsika ist bei ruhigem Seegang in nur sechs Stunden von Nizza aus zu erreichen, und Nizza liegt nur eine Stunde weit von meinem Haus entfernt – und frohen Herzens reiste ich ab, um eine Woche lang mit anderen fröhlichen Menschen zusammen zu sein. Eine einzige Woche lang, dachte ich, sollte ich doch meine Hunde der Obhut des Personals überlassen können – acht Tage, sollte man meinen, sind nur eine kurze Zeit –, aber für Winkie war es zu lange gewesen, und als ich wiederkam, war es bereits zu spät, um ihn noch zu retten.

Ahnungslos, wie ich war, dachte ich, dass seine auffallende Müdigkeit nur auf die Hitze zurückzuführen sei, und bat den Tierarzt, mir ein kräftigendes Mittel für ihn zu geben; doch als der Tierarzt ihn erblickte, untersuchte er sofort Winkies Zunge und Gaumen und sagte dann – in einem Ton des Entsetzens, dass es mich eisig überlief: »Mais c'est effrayant!«

Es sah wirklich schrecklich aus. Winkies Zunge und Gaumen waren fast schneeweiß, und der Tierarzt erklärte mir, dass er an der in dieser Gegend besonders gefürchteten Zeckenkrankheit litt, an der man langsam innerlich verblutet.

Ich möchte von Winkies Sterben keine Einzelheiten erzählen, es ist erst so kurze Zeit her.

Als ich gestern während des unerwarteten Regens bei Anbruch der Dunkelheit in den Garten hinaussah, blieben meine Augen auf dem Rasenfleck haften, wo wir die letzten wenigen Stunden, die er noch leben sollte, zusammen verbrachten; so schwach und müde hatte er da auf einem Stuhl gelegen und mit seinen traurig-ernsten Augen zu den Feldern hingeblickt, über die er niemals wieder laufen sollte – während ich neben ihm im Grase saß und seine kalte, blutlose Pfote in der Hand hielt. Um sechs Uhr war dann der Tierarzt gekommen und hatte ihn in die Ewigkeit hinüberschlummern lassen. Genau gestern vor zehn Wochen ist Winkie gestorben, und es muss noch mehr Zeit darüber vergehen, ehe ich weniger schweren Herzens daran zurückdenken kann.

Es tröstet mich nur, dass ich in der Lage war, ihm durch einen sanften, schnellen Tod unnütze Qualen zu ersparen, und dass er niemals richtige Schmerzen gekannt hat. Ich weiß, dass Winkie bis zu seinem Ende glücklich gewesen ist. Niemand hat ihn jemals gescholten. Vom ersten bis zum letzten Tag seines Lebens hat er nur gute und zärtliche Worte zu hören bekommen, und sein Tod war völlig schmerzlos. Wie ich ihn geheißen hatte, legte er gehorsam seinen Kopf in meinen Schoß, und dann kam der erlösende Schlaf.

Und damit ist meine Erzählung zu Ende. Zu Beginn erwähnte ich, dass ich vierzehn Hunde hatte, und da Winkie der vierzehnte war und ich sein kurzes Leben von dem Tag an aufgezeichnet habe, an dem er auf dem Sofa in meinem Schlafzimmer zur Welt kam, bis zu dem Tag, an dem er auf meinem Schoß gestorben ist, habe ich eigentlich nichts mehr zu sagen. Außer, dass Knobbie und Chunkie noch bei mir sind und dass die beiden Winkie sehr vermisst haben.

Während der ersten Tage nach seinem Tod sprangen sie allmorgendlich auf den Gartenstuhl, auf dem Winkie die letzte Zeit gelegen hatte, und spähten nach ihm aus, Knobbie nach der einen Seite und Chunkie nach der anderen. Stundenlang blieben sie dort sitzen und waren nur mit Mühe dazu zu bewegen, etwas zu fressen.

Bald darauf musste ich Knobbie für drei Wochen zu meinem Freund geben, der sie zweimal jährlich bei sich aufnimmt, um sie vor Chunkies Nachstellungen in Sicherheit zu bringen.

Als Knobbie ihn auch verließ, war Chunkie zunächst sichtlich bestürzt und niedergeschlagen, und um ihn zu trösten und abzulenken, nahm ich ihn jeden Nachmittag ans Meer mit, da ich wusste, dass er fürs Leben gern badet und Löcher in den Sand buddelt. Und nach wenigen Tagen bemerkte ich zu meiner Freude, dass seine alte unverwüstliche Frohnatur, die ich immer so sehr an ihm bewundert habe, wieder zum Vorschein kam.

Was ich auch immer sein mag, Chunkie ist jedenfalls wirklich »resolut«. Er ist nach jeder Enttäuschung immer von neuem bereit, sich auf die einzig richtige Weise dem Leben gegenüber einzustellen.

Und was ist die einzig richtige Einstellung dem Leben gegenüber?

Was Chunkie anbetrifft: den Mut nicht sinken zu lassen und sieghaft fröhlich mit dem Schwanz zu wedeln.

Ein kluger und vernünftiger Hund, der aus dem, was er hat, das Beste macht, und sich über das, was ihm fehlt, nicht ärgert. Und als ich während jener Nachmittage an dem felsigen Meeresstrand darüber nachdachte, kam es mir in den

Sinn, wie schnöde und erbärmlich es doch wäre, wenn ich mich gegen Prügel und Nackenschläge weniger vernünftig und standhaft zeigte als Chunkie.

Grund genug, ein neues Gelübde zu tun!

RICHARD DEHMEL

Nur ein Hund

Ja, dir wird's schwer, mich zu verlassen!
Dein Auge bricht, als ob du weinst,
und warst doch bloß ein Kind der Gassen!

Ja, damals ahnt' ich nicht, dass einst
als letzter Freund ein Hund mir bliebe:
da sucht' ich noch bei Menschen Liebe.

Mein Hund, in deine treuen Augen
hab' manche Frage ich versenkt,
für die nicht Menschenblicke taugen,
wo man ein Tier braucht, das nicht denkt,
die Ohnmacht auch in ihm zu sehen,
mit der wir selbst durchs Leben gehen.

Du hast mir nie ein Leid bereitet:
Das kann kein Mensch, der liebste nicht!
Nun liegt dein Leib vom Tod gebreitet,
verlöscht dein tröstend Augenlicht …

Was will mir denn wie Glück noch scheinen?
Mein Hund, mein Freund: ich kann noch weinen!

MAURICE MAETERLINCK

Über den Tod eines kleinen Hundes

Dieser Tage habe ich eine kleine Bulldogge verloren. Der Rüde hatte gerade erst den sechsten Monat seines kurzen Lebens vollendet. Er hat keine eigene Geschichte gehabt. Seine klugen Augen haben sich geöffnet, um die Welt zu betrachten und die Menschen zu lieben, und sich im Angesicht der ungerechten Geheimnisse des Todes wieder geschlossen.

Ich hatte ihn von einem Freund geschenkt bekommen, der ihm – vielleicht als Antiphrase – den recht unerwarteten Namen Pelleas gegeben hatte. Warum hätte ich ihn umtaufen sollen? Entehrt ein armer, liebender, ergebener und loyaler Hund den Namen eines Menschen oder imaginären Helden?

Pelleas hatte eine große, kräftige, gewölbte Stirn, genau wie Sokrates oder Verlaine. Unter einer kleinen schwarzen Nase, die so zerknautscht war, dass sie Unzufriedenheit auszudrücken schien, hingen symmetrische große Lefzen, die dem Kopf eine dreieckige Form verliehen und ihn bedrohlich, massiv, eigensinnig und nachdenklich erscheinen ließen. Er war schön wie ein schönes, natürliches Monster, das sich streng an die Gesetze seiner Art hält. Und er hatte dieses Lächeln voll aufmerksamen Gehorsams, unkorrumpierbarer Unschuld und zugewandter Unterwerfung, grenzenloser Anerkennung und völliger Hingabe, das die Maske bewundernswerter Hässlichkeit bei der kleinsten Liebkosung aufleuchten ließ. Wo entsprang eigentlich dieses Lächeln? In den treuherzigen, rührenden Augen? Den auf die Worte der Menschen gerichteten Ohren? Der Stirn, die im Versuch, zu verstehen und zu lieben, ganz glatt wurde? Den vier winzigen, weißen, aus dem Maul ragenden Zähnen, die vor den schwarzen Lippen freudig leuchteten? Oder dem brüsk geknickten Schwanz, der – wie bei dieser Rasse üblich, von einem Bein ans andere schlug, um die leidenschaftliche Freude dieses kleinen, glücklichen Wesens darüber auszudrücken, einmal mehr Hand und Blick jenes Gottes zu begegnen, dem es sich verschrieben hatte?

Pelleas wurde in Paris geboren, und ich nahm ihn aufs Land mit. Große Pfoten, die noch nicht endgültig geformt und gefestigt waren, trugen auf den unbekannten Wegen seines neuen Lebens träge seinen riesigen, gravitätischen Kopf, der platt und gedankenschwer wirkte.

Dieser unansehnliche und ein wenig traurige Kopf begann nun, wie der eines überforderten Kindes, mit jener deprimierenden Tätigkeit, die jedes Gehirn am Beginn des Lebens zu erdrücken droht. In weniger als sechs oder sieben Wochen musste dieser Kopf eine zufriedenstellende Repräsentation und Vorstellung des Universums bilden. Mit Hilfe der wissenschaftlichen Erkenntnisse seiner Vorfahren und

Mitmenschen benötigt der Mensch dreißig oder vierzig Jahre, um diese Vorstellung zu generieren oder vielmehr um diese herum, wie um einen Wolkenpalast, das Bewusstsein der eigenen Unwissenheit zu entwickeln. Doch der arme Hund musste sie binnen einiger Tage erschaffen. Hätte sie, in den Augen eines allwissenden Gottes, nicht beinahe dasselbe Gewicht und denselben Wert wie die unsere?

Pelleas musste also die Erde studieren, in der man scharren und graben kann und unter der manchmal überraschende Dinge zum Vorschein kommen: Regenwürmer, weiße Würmer, Maulwürfe, Feldmäuse, Grillen. Er musste nur einen Blick hinauf zum – in Ermangelung essbarer Bestandteile uninteressanten – Himmel werfen, um für immer demütig zu sein. Er musste das Gras kennenlernen, das wunderbare grüne Gras, biegsam und frisch, Rennbahn und Spielfeld, behütendes Lager und grenzenloser Raum, in dem sich auch die gute Quecke versteckt, die so gesund für ihn war. Er musste Tausende dringende und neugierige Entdeckungen machen. Zum Beispiel musste er, nur geleitet vom Schmerz, lernen, die Höhe einzuschätzen, aus der man herunterspringen kann. Er musste sich davon überzeugen, dass es sinnlos ist, wegfliegende Vögel zu verfolgen, und dass man keine Bäume hochklettern kann, um Katzen zu fangen, die einen von oben herab verhöhnen. Er musste lernen, die sonnenbeschienenen Fleckchen, an denen man wunderbar schlummern kann, vom kühlen Schatten zu unterscheiden. Er musste erstaunt feststellen, dass es in den Häusern nicht regnet und dass das Wasser kalt, unbewohnbar und gefährlich ist, während das Feuer aus einiger Entfernung wohltuend, aus der Nähe jedoch schrecklich ist. Er musste lernen, dass Weideflächen, Bauernhöfe und auch manche Wege von gigantischen Kreaturen mit bedrohlichen Hörnern bevölkert werden – Monster, die vielleicht gutmütig und in jedem Fall schweigsam sind und die man ungestört beschnüffeln kann, die allerdings ihre Gedanken für sich behalten. Er musste nach einigen peinlichen Erfahrungen feststellen, dass es ihm nicht gestattet war, allen Naturgesetzen jederzeit Folge zu leisten. Er sollte erkennen, dass die Küche der beste und angenehmste Ort auf Gottes Erde ist, auch wenn man sich dort nur dank der sehr mächtigen und wachsamen Köchin aufhalten durfte. Er musste lernen, dass Türen machtvolle, launische Kräfte sind, die manchmal ins Glück führen, meist aber hermetisch geschlossen, stumm und starr, hochmütig und herzlos und allem Flehen unzugänglich sind. Er musste sich ein für alle Mal eingestehen, dass die wichtigsten Dinge des Lebens, die unbestreitbaren Glücksmomente, sich normalerweise in Töpfen befinden und deshalb unerreichbar sind. Er musste deshalb lernen, diese mit einer mühsam erarbeiteten Gleichgültigkeit zu betrachten, sie ignorieren und sich einreden, es handele sich vielleicht um heilige Gegenstände – denn es genügte, sie kurz und respektvoll mit der Zunge zu berühren, und schon brach der einhellige Zorn aller Götter des Hauses über ihn herein.

*

Und was war von dem Tisch zu halten, auf dem so viele mysteriöse Dinge geschahen? Um ihn herum standen ironische Stühle, auf denen man nicht schlafen durfte. Wenn man die

Teller endlich hingestellt bekam, waren sie bereits leer. Was war mit der Lampe, welche die Dunkelheit vertrieb, und mit dem Kamin, der die kalten Tage verdrängte? Nichts als Befehle, Gefahren, Verbote, Probleme und Rätsel, die man im bereits überladenen Gedächtnis ordnen musste! Und wie sollte man all dies mit anderen Gesetzen, mit größeren, mächtigeren Rätseln in Einklang bringen, die man in sich selbst trug, im eigenen Instinkt, und die sich von Stunde zu Stunde manifestierten und entwickelten? Sie stammten aus den Tiefen der Zeit und der Rasse, vereinnahmten Blut, Muskeln und Nerven und waren manchmal stärker als der Schmerz und sogar stärker als die Befehle des Herrchens und die Angst vor dem Tod. Um nur ein Beispiel zu nennen: Wenn für die Menschen Schlafenszeit war, zog man sich in seine Nische zurück, umgeben von Dunkelheit, Stille und der wunderbaren Einsamkeit der Nacht. Im Haus des Herrchens schliefen alle. Man fühlte sich sehr klein und schwach in Gegenwart des Geheimnisses. Man wusste, dass die Schatten von Feinden bevölkert sind, die umherschlichen und warteten. Man misstraute den Bäumen, dem Wind und den vereinzelten Lichtstrahlen. Man wollte sich verstecken, sich vergessen machen und den Atem anhalten. Und doch musste man wachen, beim geringsten Geräusch den Rückzugsort verlassen, sich dem Unsichtbaren entgegenstellen und die mächtige Stille der Sterne stören – all dies in dem Risiko, sich selbst zum Objekt des lauernden Unglücks oder Verbrechens zu machen. Wer auch immer der Feind war – und sei es ein Mensch und damit ein Bruder jenes Gottes, den es zu verteidigen galt –, man musste ihn blind angreifen, ihm an die Gurgel springen, die Zähne hineinschlagen in das menschliche Fleisch, jene Hand und jene Stimme vergessen, die der Hand und der Stimme des Herrchens so ähnlich waren. Man durfte nie schweigen, nie fliehen, sich nie in Versuchung führen lassen und musste, verloren in der ausweglosen Nacht, heldenhaft bis zum letzten Atemzug Alarm schlagen. Dies war die große, von den Ahnen vererbte Aufgabe, die wichtigste aller Aufgaben, stärker als der Tod, eine Aufgabe, die selbst Wille und Wut des Menschen nicht überwinden konnten. Unsere gesamte Geschichte ist mit der des Hundes verbunden seit den ersten Kämpfen gegen alles, was atmete. Im primitiven Gedächtnis unseres Freundes aus schweren Zeiten erstand diese einfache und schreckliche Geschichte jede Nacht von neuem auf. Wenn es vorkam, dass wir ihn an unseren sichersten Zufluchtsorten hart bestraften, warf er uns einen erstaunten, vorwurfsvollen Blick zu, um anzuzeigen, dass wir einen Fehler machten und er, falls wir den wichtigsten Satz jenes Vertrags vergaßen, den er mit uns geschlossen hat, als wir noch in Höhlen, Wäldern und Sümpfen lebten, diesem Pakt dennoch treu bleiben würde. Damit befand er sich näher an der ewigen Wahrheit des an Fallstricken und feindlichen Kräften so reichen Lebens.

*

Doch wie viele Mühen und Studien waren nötig, um diese Aufgabe klug zu erfüllen! Ist sie doch seit der Zeit der stillen Höhlen und großen, leeren Seen immer komplizierter geworden! Damals war es so einfach, klar und leicht! Alles, was sich beim Blick aus der einsamen Höhle am Horizont, in der Ebene oder am Waldrand regte, war zweifelsohne ein Feind! Nun aber wusste man das nicht mehr so genau ... Man musste sich auf eine Zivilisation einstellen, die man nicht guthieß; so tun, als verstünde man Tausende unverständliche Dinge. Heute gehörte dem Herrchen offensichtlich nicht mehr die ganze Welt; sein Besitz war auf unerklärliche Weise begrenzt. Deshalb musste man zunächst unbedingt wissen, wo der heilige Bereich begann und endete. Was durfte man dulden, was musste man verbieten? Diesen Weg hier durfte jeder gehen, selbst der Arme. Warum? Das wusste man nicht. Man bedauerte es, musste es aber akzeptieren. Doch hier war zum Glück der schöne, eigens reservierte Pfad, den niemand sonst beschreiten durfte. Dieser Weg folgte den gesunden Traditionen. Es war wichtig, ihn nicht aus den Augen zu verlieren. Auf ihm gelangten die komplizierten Probleme ins alltägliche Leben.

Wünschen Sie ein Beispiel? Man schlief ganz ruhig im Sonnenschein, der die Schwelle zur Küche mit fröhlich tanzenden Staubperlen bedeckt. Porzellandosen drängten sich auf mit Rüschenpapier ausgelegten Regalen so eng, dass sie hinabzufallen drohten. Kupfertöpfe warfen Lichtreflexe auf die weißen, glatten Wände. Der mütterliche Ofen summte sanft. Drei Töpfe mit tanzenden Deckeln standen darauf. Durch das kleine Loch in der Ofenklappe, das den guten Hund neckte, der sich doch fernhalten musste, leckte eine Flammenzunge. Die Uhr, die sich in ihrem Eichenschrank langweilte, während sie auf die ehrenvolle Aufgabe wartete, die nächste Mahlzeit anzukündigen, stellte ihren dicken goldenen Bauchnabel zur Schau und verdeckte ihn im nächsten Moment wieder. Die heimtückischen Fliegen störten mit ihrem Lärm. Auf dem Tisch ruhten ein Hühnchen, ein Hase und drei Rebhühner neben anderen wertlosen Dingen, die man Obst und Gemüse nennt – Erbsen, Bohnen, Pfirsiche, Melonen, Trauben. Die Köchin nahm einen großen silbernen Fisch aus und warf die Innereien in den Mülleimer (statt sie dem Hund anzubieten). Ach, der Mülleimer! Unerschöpfliche Schatztruhe, segensreicher Behälter, Juwel des Hauses! Man profitierte heimlich davon, durfte aber nicht zeigen, dass man seinen Standort kannte. Denn es war streng verboten, darin herumzuwühlen. Der Mensch verbat viele angenehme Dinge, und das Leben wäre freudlos, die Tage nackt gewesen, wenn man sich an alle Verbote gehalten hätte, die im Büro, Keller und Esszimmer galten. Zum Glück war der Mensch zerstreut und erinnerte sich nicht lange an die Befehle, die er erteilte. Zumal er leicht zu täuschen war. So gelangte man schließlich doch zum Ziel und konnte tun, was man wollte, solange man geduldig war und den rechten Zeitpunkt abwartete. Man war dem Menschen unterworfen und er war der einzige Gott, aber man hatte doch seine ganz persönliche, exakte, unerschütterliche Moral, die laut hörbar verkündete, dass die verbotenen Taten allein dadurch erlaubt sein würden, dass sie ohne Wissen des Herrchens geschahen. Deshalb schlossen wir nun das aufmerksame Auge, das alles sah, und taten, als schliefen wir und träumten vom Mond. – Halt! Es klopfte sanft an das blaue Fenster, das zum Garten hin zeigt. Was war los? – Nichts, nur ein Weißdornast, der sehen wollte, was wir in der Küche machten. – Die Bäume waren neugierig und oft aufgeregt, aber sie sind bedeutungslos, wir hatten ihnen nichts zu sagen, sie waren verantwortungslos und gehorchten dem undisziplinierten Wind. – Was jetzt? Ich hörte Schritte! Schnell aufgestanden, die Ohren gespitzt und gewittert! – Nein, es war der Bäcker, der zum Zaun ging, während der Briefträger eine kleine Klappe an der Linde öffnete. Die beiden waren mir bekannt, alles war in Ordnung. Sie brachten etwas, also konnte man sie begrüßen, und begleitet von einem behütenden Lächeln wackelte der Schwanz zwei oder drei Mal. Schon wieder Alarm! Was war jetzt los? Ein Wagen hielt vor der Einfahrt. Ah! Das war schon schwieriger. Es war jetzt vor allem wichtig, die Pferde zu beleidigen, diese großen, stolzen Tiere, die ständig zurechtgemacht waren, immer schwitzten und einem nie Antwort gaben. Dabei betrachtete man aus dem Augenwinkel die Personen, die aus dem Wagen stiegen. Sie waren gut angezogen und wirkten selbstsicher. Wahrscheinlich würden sie sich zu den Göttern an den Tisch setzen. Jetzt war es angebracht, ein wenig zu bellen, aber respektvoll, um zu zeigen, dass man seiner Aufgabe mit der angemessenen Intelligenz nachkam. Dennoch hegte man einen gewissen Verdacht. Hinter dem Rücken der Gäste schnupperte man ausgiebig, um deren verborgene Absichten herauszufinden.

*

Aus der Küche waren hinkende Schritte zu hören. Diesmal war es der Arme, der seine Tasche hinter sich herzog, der spezifische Feind, der tradierte Feind, direkter Abkömmling dessen, der um die mit Knochen überhäufte Höhle schlich und der im Gedächtnis der Rasse sofort auftauchte. Trunken vor Empörung, mit abgehacktem Bellen und mit durch Hass und Wut vervielfachten Zähnen wollte man den Gegner an der Hose packen, bis die Köchin mit ihrem Besen – jenem Zepterersatz – bewaffnet kommen und den Verräter verteidigen würde. Dann würde man sich in seine Nische zurückziehen müssen, von wo aus man mit machtlosem Feuer im Blick schreckliche, aber sinnlose Flüche ausstoßen und denken würde, dies sei das Ende, es gebe keine Gesetze mehr und die menschliche Rasse habe jede Vorstellung von Recht und Unrecht verloren.

War das alles? Noch nicht, denn noch das kleinste Leben besteht aus zahllosen Pflichten, und sich eine glückliche Existenz zu verschaffen bedarf harter Arbeit an der Grenze dieser zwei grundverschiedenen Welten von Tier und Mensch. Wie sollte uns das gelingen, wenn wir ganz in unserer Sphäre bleiben und doch zugleich einer Gottheit dienen sollten, die nicht eingebildet und uns ähnlich war, sondern sichtbar, immer anwesend, immer aktiv und unserem Wesen genauso fremd und überlegen, wie wir es dem Hund gegenüber waren?

*

Um auf Pelleas zurückzukommen: Er wusste ungefähr, was er im Umkreis des Herrchens tun und wie er sich verhalten musste. Aber die Welt endet nicht an der Haustür. Auf der anderen Seite der Mauer und der Hecke befindet sich ein Universum, dessen Wächter man nicht ist, das nicht das eigene Zuhause ist und in dem andere Beziehungen herrschen. Wie verhielt man sich auf der Straße, auf den Feldern, auf dem Markt und in Geschäften? Nach mühseliger Beobachtung begriff er, dass es angemessen ist, nicht auf Befehle von Fremden zu reagieren und Unbekannte, die ihn streichelten, höflich, aber gleichgültig zu behandeln. Zudem galt es, anderen Hunden gegenüber eine seltsame Höflichkeit an den Tag zu legen, Hühner und Enten zu respektieren, die Kuchen in der Konditorei scheinbar nicht zu bemerken, mochten sie sich auch in unmittelbarer Reichweite präsentieren. Es galt, den Katzen, die auf den Türschwellen saßen und provozierende Grimassen schnitten, jene Art schweigender Verachtung entgegenzubringen, die zugleich Eindruck hinterließ, und nicht zu vergessen, dass es erlaubt und sogar erwünscht war, Mäuse, Ratten, wilde Kaninchen und im Allgemeinen alle (an geheimen Zeichen erkennbare) Tiere zu verfolgen und zu erwürgen, die mit dem Menschen noch nicht Frieden geschlossen haben.

*

All dies und so vieles mehr! War es verwunderlich, dass Pelleas angesichts dieser zahllosen Probleme oft nachdenklich wirkte und sein bescheidener, sanfter Blick manchmal so tief und ernst, so voller Sorge und unlesbarer Fragen war?

Leider hatte er keine Zeit, die schwere und langwierige Aufgabe zu vollenden, welche die Natur jedem Instinkt stellt, der sich größerer Klarheit nähern will. Ein recht seltsames Leiden, das eigens jenes Tier zu bestrafen schien, welchem es gelang, über seine angeborenen Fähigkeiten hinauszuwachsen, ein nicht näher definiertes Leiden, das intelligente kleine Hunde zu Hunderten dahinraffte, setzte dem Schicksal und der glücklichen Bildung von Pelleas ein Ende. Zwei oder drei Tage musste ich zusehen, wie er unter dem enormen Gewicht des Todes tragisch zu torkeln begann und sich dabei noch an der geringsten Zärtlichkeit freute. So viel Streben nach etwas mehr Licht, so viel Ehrgeiz, zu lieben, Mut, zu verstehen, so viel zugewandte Freude, so viele ergebene, hilfesuchende Blicke, die er dem Menschen angesichts des ungerechten und unerklärlichen Leidens zuwarf, so viel schwaches Licht, das aus dem tiefen Abgrund einer Welt drang, die uns nicht gehört, so viele kleine, beinahe menschliche Angewohnheiten ruhen nun traurig in einer Ecke des Gartens unter dem großen Holunder in der kalten Erde.

*

Der Mensch liebt den Hund, aber er würde ihn noch mehr lieben, wenn er daran dächte, dass die Liebe in der starren Gesamtheit der Naturgesetze das Einzige ist, was die ansonsten unüberwindbare Trennung der Arten zu durchbrechen weiß. Wir sind allein, gänzlich allein auf diesem dem Zufall unterworfenen Planeten, und von allen Lebensformen, die uns umgeben, ist außer dem Hund keine einzige ein Bündnis mit uns eingegangen. Manche Lebewesen fürchten uns, die meisten ignorieren uns, und keines liebt uns. Die Pflanzen sind unsere stummen, reglosen Sklaven, aber sie dienen uns nicht willentlich, sondern ertragen nur unsere Gesetze und das Joch, das wir ihnen auferlegen. Sie sind machtlose

Gefangene, Opfer, die nicht fliehen können, aber stumm aufbegehren, und sobald wir nicht mehr auf sie achten, verraten sie uns und kehren zu ihrer wilden, schädlichen Freiheit von einst zurück. Hätten die Rose und der Weizen Flügel, sie flöhen, sobald wir uns näherten, genau wie die Vögel. Unter den Tieren zählen wir einige Diener, die uns nur aus Gleichgültigkeit, Faulheit oder Dummheit unterworfen sind: Etwa das unsichere, feige Pferd, das nur dem Schmerz gehorcht und keine Bindungen ausbildet. Der passive, schwermütige Esel, der nur bei uns bleibt, weil er nicht weiß, was er sonst tun oder wohin er gehen sollte. Die Kuh und der Ochse, die glücklich sind, sobald sie fressen können, und folgsam, weil sie seit Jahrhunderten keinen Gedanken mehr für sich haben. Das dumme Schaf, das nur einen schrecklichen Herrn als solchen anerkennt. Das Huhn, das nur im Hof bleibt, weil dort mehr Mais und Weizen zu finden sind als im nahen Wald. Von der Katze will ich nicht sprechen; für sie sind wir eine zu große, unverdauliche Beute. Die wilde Katze toleriert uns mit dunkler Herablassung als Parasiten in ihrem eigenen Reich. Wenigstens verdammt sie uns in der Tiefe ihres geheimnisvollen Herzens, aber alle anderen leben in unserer Nähe, als seien wir Felsen oder Bäume, sie lieben uns nicht, kennen uns nicht, nehmen uns kaum wahr. Sie wissen nichts von unserem Leben, unserem Sterben, unserer Wiederkehr, unserer Traurigkeit, unserer Freude, unserem Lächeln. Sie hören nicht einmal unsere Stimme, sobald diese nicht mehr bedrohlich wirkt, und wenn sie uns ansehen, dann mit der misstrauischen Bestürzung des Pferdes, in dessen Augen man noch die Kopflosigkeit der Gazelle ahnt, die uns zum ersten Mal erblickt. Oder sie betrachten uns mit dem trübsinnigen Stupor der Wiederkäuer, die uns für eine nutzlose Gegebenheit auf ihrer Weide halten.

*

Seit Tausenden von Jahren leben sie mit uns und sind unserem Denken, unserer Zuneigung und unserem Verhalten doch so fremd, als seien sie erst gestern von dem am weitesten entfernten Stern auf unsere Erde gefallen. In dem grenzenlosen Raum, der die Menschen von allen anderen Lebewesen trennt, haben wir sie mit Geduld dazu gebracht, zwei oder drei illusorische Schritte zu tun. Ich muss gestehen: Gäbe ihnen die Natur morgen die Intelligenz und die Kraft, uns zu besiegen, und ließe ihre Gefühle uns gegenüber unangetastet, so hätte ich Angst vor der maßlosen Rache des Pferdes, den sturen Repressalien des Esels und dem wütenden Groll des Schafs. Ich flöhe vor den Katzen, als handele es sich um Tiger, und selbst vor der gutmütigen, schlaftrunkenen Kuh wäre ich auf der Hut. Das Huhn mit seinen runden, flinken Augen, würde mich bestimmt vorbehaltlos verschlingen wie eine Nacktschnecke oder einen Wurm.

*

Alles, was uns umgibt, bleibt in dieser Welt der völligen Gleichgültigkeit und Verständnislosigkeit, in dieser nicht vermittelbaren Welt, in der alles einen hermetisch auf sich selbst bezogenen Zweck hat, in der jedes Schicksal auf sich selbst begrenzt ist, in der die Lebewesen nur in Form von

Täter und Opfer, Fressenden und Gefressenen aufeinander bezogen sind, in der niemand die eigene, enge Sphäre verlassen kann, in welcher nur der Tod grausame Beziehungen von Ursache und Wirkung zwischen den Nebeneinanderlebenden herstellt und in der nicht die geringste Sympathie jemals bewusst die Grenze von einer Spezies zur anderen überwunden hat. Unter allen, die in dieser Welt atmen, ist es nur einem Tier gelungen, den fatalen Kreis zu durchbrechen und vor sich selbst zu fliehen, um bis zu uns zu gelangen und die endlose, eisige und stille Dunkelheit zu überwinden, die innerhalb des unbegreiflichen Plans der Natur jede Lebensform isoliert. Was dieses Tier, unser guter, vertrauter Hund, getan hat, erscheint uns heute so einfach und natürlich. Doch mit seiner so vernünftigen Annäherung an eine Welt, in die er nicht hineingeboren wurde und in der er nicht vorgesehen war, ist ihm etwas so Ungewöhnliches und Unwahrscheinliches gelungen, dass es in der allgemeinen Geschichte des Lebens nichts Vergleichbares gibt. Wann hat diese Anerkennung des Menschen durch das Tier, dieser einzigartige Übergang vom Schatten ins Licht stattgefunden? Haben wir den Pudel, den Hofhund oder den Windhund unter den Wölfen und Schakalen gesucht, oder war er es, der spontan zu uns kam? Wir wissen es nicht. So weit die menschlichen Annalen auch zurückreichen, der Hund war immer schon an unserer Seite, doch was sind die menschlichen Annalen im Vergleich zu jener Zeit, aus der es keine Zeugnisse gibt? Selbst in unseren ältesten Behausungen finden sich seine Spuren, und er war so gut an unsere Sitten angepasst, als sei er zur gleichen Zeit wie wir auf dieser Erde aufgetaucht. Wir müssen weder sein Vertrauen noch seine

Freundschaft erarbeiten, denn er wurde als unser Freund geboren. Selbst als seine Augen noch geschlossen waren, glaubte er bereits an uns. Schon vor seiner Geburt hatte er sich dem Menschen verschrieben. Doch das Wort »Freund« beschreibt seine kultische Zuneigung nicht ganz richtig. Er liebt und verehrt uns, als hätten wir ihn vor dem Nichts gerettet. Er ist vor allem unsere Kreatur, die uns unendlich dankbar und ergeben ist. Er ist unser leidenschaftlicher Sklave, den nichts entmutigt oder zurückwirft. Weder sein eifriger Glauben noch seine Liebe verändern sich. Auf bewundernswerte und berührende Weise hat er das schreckliche Problem gelöst, das sich auch uns Menschen stellen würde, wenn eine göttliche Rasse plötzlich unseren Planeten bevölkerte. Loyal, religiös und unwiderruflich hat er die Überlegenheit des Menschen anerkannt und sich ihm mit Körper und Seele ausgeliefert – ohne Hintergedanken und ohne den Wunsch, dies rückgängig zu machen. Von seiner Unabhängigkeit, seinem Instinkt und seinem Charakter hat er nur jenen kleinen Teil bewahrt, der für die von der Natur und der Spezies vorgesehene Lebensweise unerlässlich ist. Mit überraschender Gewissheit, Ungezwungenheit und Einfachheit hat er uns als das Beste und Mächtigste eingestuft, was es auf der Erde gibt. Uns zuliebe verriet er das gesamte Tierreich, dem er angehört, und negierte bedenkenlos seine eigene Rasse, seine Verwandten, seine Mutter und sogar seine Nachkommen.

*

Innerhalb der intelligenten Lebewesen, die Rechte, Aufgaben, einen Auftrag und ein Ziel haben, ist der Hund mit Sicherheit ein wirklich privilegiertes Wesen. Er nimmt in dieser Welt eine einzigartige, beneidenswerte Position ein. Er ist das einzige Lebewesen, das einen Gott gefunden hat, der nicht angezweifelt oder hinterfragt werden kann, der greifbar und endgültig ist. Er weiß, wem er sein Bestes widmen kann. Er weiß, wer über ihm steht und wem er sich hingeben kann. Er muss nicht in der Dunkelheit nach einer perfekten, übergeordneten Macht aus Lügen, Hypothesen und Träumen suchen. Die Macht ist hier, genau vor ihm, und er bewegt sich in ihrem Licht. Er kennt die höchsten Pflichten, von denen wir alle nichts wissen. Seine Moral übersteigt alles, was er in sich selbst findet, und er kann sie ohne Bedenken und Ängste ausleben. Er ist im Besitz der ganzen Wahrheit. Sein Ideal ist positiv und gesichert.

Und so sah ich meinen kleinen Pelleas neulich, vor seiner Krankheit, zu Füßen meines Schreibtischs sitzen. Den Schwanz hatte er sorgsam unter den Pfoten zusammengerollt. Den Kopf hatte er schief gelegt, um mich fragend ansehen zu können, aufmerksam und ruhig, wie ein Heiliger sich in Anwesenheit Gottes zu verhalten hat. Er war auf eine Art glücklich, die wir vielleicht nie kennenlernen werden, weil sie aus dem Lächeln und der Anerkennung eines Lebens entsprang, das dem seinen weit übergeordnet war. Er lernte, saugte meine Blicke auf und reagierte ernst, wie unter Gleichgestellten. Bestimmt wollte er mir mitteilen, dass er – wenigstens mit den Augen, jenem beinahe immateriellen Organ, welches das Licht in zärtliches Verstehen verwandelt – durchaus wusste, dass er mir alles sagte, was Liebe sagen sollte. Wie ich ihn so sah, jung, eifrig und gläubig, und er mir in gewisser Weise vom Grund der unermüdlichen Natur aus Neuigkeiten des Lebens berichtete, vertrauensvoll und verwundert, als sei er der Erste seiner Rasse auf der Erde und wir befänden uns noch am Anfang der Welt, da neidete ich ihm die Leichtigkeit seiner Gewissheit. Ich sagte mir, der Hund, der ein gutes Herrchen hat, ist glücklicher als jener, dessen Schicksal noch gänzlich im Schatten liegt.

SEAMUS HEANEY

Carlo. Gedicht auf meinen toten Freund

Der Jahrtausendwechsel
sagt Carlo wohl nichts.
Mir tut das Herz weh,
seh ich ihn: einäugig
und am ganzen Leib langsam,
Sein Gebell ist noch laut,
aber nicht mehr so rüde,
nicht das hüpfende »Raus hier!«
der besten Jahre,
als er quer durch den Hof
tobte und fegte.
Ich hab all das damals
nicht genügend geschätzt:
wenn er einfach da war,
aus heiterem Garten,
mit Gewuff und Gekeuche,
Genage am Plastik
von Flaschen und Tüten,
verrückter Durchlöcherer,
verwegener Schauspieler.
Einmal, da hat er

einen Autor gebissen.
(Oder besser: gekniffen,
kann man leider nur sagen.)
Wild bei Kondensstreifen.
Erst nur schweigende Hitze,
die Sonne, der Rasen,
und dann er mit Geknurre,
langsame Rakete,
hochgereckt brodelnd:
und startete bellend
hinauf in das Blau.
Dann kam er angerannt –
wie ein Bild der Verzeihung.
Ich lebte gern nochmals
diese achtlosen Jahre.
Warum hab ich denn nicht
mehr gesehen, mehr Vergnügen
gehabt und gegeben,
stündlich und täglich?
Klar, ich hab ihn gestreichelt,
nachts, und auch manchmal
ganz unerwartet –
meine rasche Erhitzung
hilfloser Gefühle.
Aber meist hieß es doch bloß:
Leben, leben lassen,
was kaum genug ist.
Die Trübung des Auges,
das schräge Trotten,
sie erinnern mich daran.

Sogar sein Schwanz,
der den Fußboden klopft,
komm ich durch die Türe,
erinnert mich daran.
Wenn er langsam, langsamer
den Fußboden klopft.

VIRGINIA WOOLF

Das Ende

Flush wurde nun schon ein alter Hund. Die Reise nach England und all die Erinnerungen, die sie auffrischte, hatten ihn zweifellos ermüdet. Es wurde bemerkt, dass er nach seiner Rückkehr lieber Schatten als Sonnenschein aufsuchte, obgleich der Schatten von Florenz heißer war als die Sonne der Wimpole Street. Zu Füßen einer Statue hingestreckt oder, um der paar Tropfen willen, die bisweilen auf sein Fell spritzten, unter der Wölbung eines Brunnenrands, döste er oft stundenlang. Die jungen Hunde versammelten sich um ihn. Ihnen erzählte er seine Geschichten von Whitechapel und der Wimpole Street, er beschrieb ihnen den Duft von Klee und die Gerüche der Oxford Street. Er gab seine Erinnerungen an die eine oder andre Revolution zum Besten – wie Großherzöge gekommen, Großherzöge gegangen waren; aber die gefleckte Spanielhündin im Seitengässchen zur Linken, die bleibe, pflegte er zu sagen. Dann eilte etwa der heftige Mr Landor vorbei und schüttelte in gespielter Wut die Faust gegen ihn; die freundliche Miss Isa Blagden blieb vielleicht stehn und nahm ein verzuckertes Kuchenplätzchen aus ihrem Retikül; die Bauernweiber auf dem Marktplatz machten ihm im Schatten ihrer Körbe ein

Lager aus Blättern zurecht und warfen ihm bisweilen ein Büschel Trauben zu. Ganz Florenz kannte ihn, hatte ihn gern – hoch und niedrig, Hunde und Menschen.

Doch er wurde nun ein alter Hund, und er neigte immer stärker dazu, nicht einmal mehr unter dem Brunnen zu liegen – denn das Katzenkopfpflaster war zu höckerig für seine alten Knochen – sondern in Mrs Brownings Schlafzimmer, wo das Wappen der Guidi einen glatten Fleck von Scagliola auf dem Boden bildete, oder unter dem Tisch im Salon. Eines Tags, bald nach seiner Rückkehr aus London, lag er in festem Schlaf. Der tiefe, traumlose Schlaf des hohen Alters umfing ihn schwer. Ja sein Schlaf war heute sogar tiefer als gewöhnlich, denn während er schlief, schien die Dunkelheit rings um ihn sich zu verdichten. Wenn ihm etwas träumte, dann wohl, dass er im Innern eines Urwalds schlafe, abgeschlossen vom Sonnenlicht, abgeschlossen von den Stimmen der Menschen, obgleich ihm im Traum zuweilen war, als hörte er das schläfrige Zirpen eines träumenden Vogels oder, wenn der Wind die Zweige bewegte, das glucksende Auflachen eines satt gefressen duselnden Affen.

Dann teilten sich auf einmal die Zweige; Licht brach herein – hier und hier, in blendenden Strahlenbündeln. Affen schnatterten erregt, Vögel flogen auf, mit erschrockenen Rufen und Gekreisch. Er sprang voll erwacht auf die Füße.

Es war ein glühend heißer Nachmittag. Die alte Bettlerin an der Ecke war über ihren Melonen eingeschlafen. Die Sonne dröhnte förmlich in der Luft. Sich auf der Schattenseite der Gassen haltend, trabte Flush auf wohlbekannten Wegen zum Marktplatz. Das ganze große Viereck leuchtete von Ständen und bunten Sonnenblachen und Schirmen. Die Marktfrauen saßen neben Körben voll Obst; Tauben flatterten, Glocken läuteten, Peitschen knallten. Die vielfarbenen Köter von Florenz liefen schnuppernd und alles betapsend dazwischen umher. Es ging so lebhaft zu wie in einem Bienenkorb, und dabei war es so heiß wie in einem Backofen. Flush suchte Schutz vor der Sonne. Er ließ sich neben seiner Freundin Caterina zu Boden fallen, in den Schatten ihres großen Korbs. Ein Krug mit roten und gelben Blumen warf seinen Schatten daneben hin. Eine Statue über ihnen, die den rechten Arm ausgestreckt hielt, vertiefte ihn zu Violett. Flush lag da im Kühlen und sah den jungen, mit ihren eignen Angelegenheiten beschäftigten Hunden zu. Sie knurrten einander an und bissen sich herum, rekelten sich und tollten mit der ganzen Ausgelassenheit froher Jugend umher. Sie jagten einander ein und aus und rundherum, wie er selbst hinter der gefleckten Spanielhündin in dem Gässchen her gewesen war. Seine Gedanken wandten sich für einen Augenblick Reading zu – Mr Partridges Spanielhündin, seiner ersten Liebe, und den unschuldigen Wonnen der Jugend. Nun, er hatte sein Leben genossen, er neidete denen da das ihre nicht. Er hatte die Welt als einen angenehmen Aufenthalt kennengelernt. Er hatte jetzt nichts an ihr zu tadeln. Die Marktfrau kraute ihn hinter dem Ohr; sie hatte ihm oft wegen einer gestohlenen Traube oder irgendeiner andern Missetat eins versetzt, aber er war nun alt, und auch sie war alt. Er bewachte ihr ihre Obstkörbe, und sie kraute ihm sein Ohr. So strickte sie, und er döste. Die Fliegen surrten auf der großen, rotfleischigen Melone, die aufgeschnitten worden war, um das Innere zur Schau zu stellen.

Die Sonne schien köstlich heiß durch die Lilienblätter und durch den grün und weißen Schirm. Die Marmorstatue verlieh dieser Hitze Champagnerfrische. Flush lag und ließ sie sich durch seinen Pelz auf die Haut brennen. Und wenn er auf der einen Seite geröstet war, wandte er sich herum und ließ die Sonne die andre rösten. Unterdessen schwatzten und feilschten die Marktleute die ganze Zeit. Frauen kamen vorbei, blieben stehn und betasteten das Gemüse und das Obst. Es herrschte solch ein unaufhörliches Summen und Surren menschlicher Stimmen, wie Flush es zu hören liebte. Nach einer Weile nickte er im Schatten der Lilien ein. Er schlief, wie Hunde schlafen, wenn sie träumen. Nun zuckten seine Beine – träumte er, dass er in Spanien Kaninchen jage? Rannte er einen sonnenheißen Hang hinauf, vor dunkelhäutigen Männern her, die »Span! Span!« riefen, wenn die Kaninchen aus dem Gebüsch hervorflitzten? Dann lag er wieder still. Und nun kläffte er schnell und leise viele Male hintereinander. Vielleicht hörte er Dr. Mitford in Reading seine Windspiele zur Jagd anfeuern. Dann wedelte sein Schwanz dämlich. Hörte er Miss Mitford »Schlimmer Hund! Schlimmer Hund!« rufen, als er zu ihr zurückschlich, dahin, wo sie zwischen den Rüben stand und ihren Schirm schwenkte? Und danach lag er eine Weile und schnarchte, vom tiefen Schlaf glücklichen hohen Alters umfangen. Er erwachte mit einem heftigen Ruck. Wo glaubte er zu sein? In Whitechapel unter den Strolchen? Saß ihm das Messer wieder an der Kehle?

Was immer es war, er erwachte aus seinem Traum in einem Zustand des Entsetzens. Er machte sich davon, als wollte er sich in Sicherheit bringen, als suchte er Zuflucht.

Die Marktweiber lachten und bewarfen ihn mit faulen Weinbeeren und riefen ihn zurück. Er beachtete es nicht. Karrenräder hätten ihn fast zermalmt, als er durch die Straßen sauste, – die Männer, die im Stehen lenkten, fluchten und schnippten mit der Peitsche nach ihm. Halbnackte Kinder warfen ihm Kieselsteine nach und schrien: »*Matto! Matto!*«, als er vorbeiraste. Ihre Mütter stürzten besorgt aus den Haustüren und rissen sie zurück. War er also toll geworden? Hatte die Sonne ihm das Hirn versengt? Oder hatte er noch einmal das Jagdhorn der Venus vernommen? Hatte am Ende einer der amerikanischen Klopfgeister, einer der Geister, die in Tischbeinen wohnen, von ihm Besitz ergriffen? Was immer der Grund war, er lief schnurstracks durch Gassen und Gässchen, bis er das Tor der Casa Guidi erreichte, und geradewegs die Treppe hinauf und in den Salon.

Mrs Browning lag auf dem Sofa und las. Sie fuhr zusammen und blickte auf, als er hereinkam. Nein, es war kein Geist – es war nur Flush. Sie lachte. Dann, als er zu ihr aufs Sofa sprang und ihr die Schnauze ins Gesicht streckte, erinnerte sie sich, wie er sie vor Jahren einmal in der Wimpole Street hatte trösten wollen, als sie sich sehr unglücklich fühlte. Nun war sie glücklich. Aber sie wurde alt, und das wurde auch Flush. Sie beugte sich einen Augenblick zu ihm. Ihr Gesicht mit dem breiten Mund, den großen Augen und schweren Locken glich noch immer wunderlich dem seinen. Entzweigebrochen, jedoch aus ein und derselben Form gegossen, ergänzte vielleicht eins, was im andern schlummerte. Aber sie war Mensch, er war Hund. Mrs Browning las weiter. Dann sah sie wieder auf Flush. Doch er sah sie nicht an. Eine außerordentliche Veränderung war über ihn gekommen. »Flush!«, rief sie. Aber er blieb stumm. Er war lebendig gewesen; nun war er tot. Das war alles. Der Salontisch stand seltsamerweise vollkommen still.

LARS GUSTAFSSON

Elegie auf einen Labrador

Mitten im Sommer gibt es bei uns Tage,
an denen es plötzlich Herbst ist.
Die Krähen im Baum schlagen schärfere Töne an.
Die Klippen ragen deutlicher aus dem See als sonst.
Sie wissen etwas. Sie haben es immer gewusst.
Wir auch, doch wollen wir nichts davon wissen.
Auf dem Heimweg bist du oft am Bug gestanden,
an solchen Abenden, hast den Gerüchen nachgespürt,
die übers Wasser kamen, mit ruhig gesammeltem Blick,
den Abend entziffert, die schwache Rauchfahne
eines Sommerhauses, den Pfannkuchen, der irgendwo
drei Kilometer weiter briet, einen Dachs bemerkt,
der ich weiß nicht wo in der Dämmerung stand
und etwas witterte, ganz wie du. Unsere Freundschaft
war natürlich ein Kompromiss: wir lebten zusammen
in zwei verschiedenen Welten, der meinigen
mit ihren Buchstaben, einem lebenslänglichen Text,
und der deinen mit ihren Gerüchen. Ich hätte viel
für deine Kenntnisse gegeben, für dein Vermögen,
ein Gefühl wie Eifer, Haß oder Liebe wie eine Welle
über den ganzen Körper hinlaufen zu lassen

von der Nase bis zum Schwanz, für deine Unfähigkeit,
dich damit abzufinden, dass der Mond eine Tatsache ist.
Bei Vollmond hast du dich immer lauthals darüber beklagt.
Als Gnostiker warst du mir überlegen, und somit
hast du dauernd im Paradies gelebt. Auch pflegtest du
Schmetterlinge aufzuschnappen im Sprung und sie dann
hinunterzuschlucken. Abstoßend fanden manche das.
Mir gefiel es. Warum habe ich es dir darin
nie gleichtun können? Und dann die Türen!
Waren sie zu, so legtest du dich hin und schliefst ein;
irgendjemand würde sie sicherlich öffnen,
früher oder später. Du hattest recht. Ich hatte unrecht.
Heute, da diese lange, stumme Freundschaft vorbei ist
für immer, frage ich mich, ob auch ich am Ende
etwas konnte, was dir imponiert hat. Ich meine nicht
deinen festen Glauben, dass ich es war, der die Gewitter
hervorrief. Das war ein Wahn. Ich denke eher,
mein sichres Gefühl dafür, dass der Ball vorhanden war,
auch wenn er sich hinter dem Sofa versteckt hielt,
hat dir eine Ahnung verschafft von meiner Welt.
Fast alles in meiner Welt hält sich versteckt
hinter etwas anderem. Ich nannte dich »Hund«.
Ich frage mich ganz im Ernst: Hast du mich wohl
für einen großen, lauteren »Hund« gehalten
oder für etwas anderes, etwas für immer Unbekanntes,
das einfach ist, was es ist, und existiert
auf seine Weise und damit basta: den Pfiff
durch den nächtlichen Park, dem zu folgen
man sich angewöhnt hat, ohne so recht zu wissen,
was das ist, dem man folgt. Und ich

wusste ebenso wenig von dir und davon, was du warst.
Von diesem objektiveren Standpunkt aus
waren wir zwei Organismen, zwei jener Orte,
an denen das Universum sich in sich selber
verknotet, verwickelt, kurzlebige, komplexe Strukturen
aus Eiweiß, die sich immer weiter verheddern müssen,
um zu überleben, bis das Ganze versagt
und sich wieder vereinfacht, der Knoten sich löst,
das Rätsel verschwindet. Du warst eine Frage,
gerichtet an eine andere Frage, sonst nichts,
und keine von beiden konnte der andern Antwort geben.

JEAN GRENIER

Über den Tod eines Hundes

I

Während einer gewissen Zeit, deren Dauer ich nicht genau benennen könnte, interessierte ich mich nicht mehr für ihn. Ich vergaß ihn. Ich ging im Garten spazieren und tat, als wartete ich auf den Tierarzt, der ihm die Spritze geben würde; oder ich ging einfach in die Küche und aß, denn ich hatte ungewohnt großen Hunger, der durch die zurückliegende Nacht, die ich halb wachend, halb dösend verbracht hatte, nicht zureichend erklärbar war. Während dieser kurzen Zeit, bei der es sich, wie mir stets bewusst war, doch um nichts anderes handelte als ein Zwischenspiel, war ich ganz bei mir selbst. Als sei ich aufgetaucht, um nach lebenswichtiger Luft zu schnappen.

Kaum zurück in meinem Zimmer, stürzte ich wieder in die Tiefe.

II

Der Hund litt schon länger, als ich es ertragen konnte. Ich hatte keine Kraft mehr, war ganz ausgetrocknet. Er lebte noch immer und lag hechelnd, mit halb geschlossenen Augen, in einer Ecke. Eben noch war ich ganz bestürzt gewesen, als ich sah, wie er sich aufrichtete und auf mich zukam. Ich hatte seinen Kopf gestützt und ihm mit der freien Hand die Schnauze gestreichelt. So stand er eine lange, sehr lange Zeit. Ich sprach nicht mit ihm, und er blieb reglos. Sein Blick fixierte den meinen.

Ich konnte nichts für ihn tun. Aber das wusste er nicht. Mich quälte der Gedanke, dass er vielleicht glaubte, ich verfügte auch jetzt noch über jene Macht, deren Ausmaß er bei so vielen Gelegenheiten erfahren hatte.

III

Er würde mir tatsächlich fehlen. Wusste er, wie sehr ich ihn brauchte? Und zwar nicht nur seine ständige Anwesenheit, seine Begleitung auf meinen Spaziergängen und unsere gemeinsamen Mittagessen. Sondern – und das ist einzigartig, nicht wahr? – ich brauchte ihn auch dann, wenn wir voneinander getrennt waren. Nachts beim Einschlafen rief ich ihn herbei wie eine behütende Gottheit, vor der man keine Angst hat. Er war mein Bindeglied zur großen Natur, deren Wildheit und Riesenhaftigkeit mir Angst machten. Dank ihm erlebte ich nur ihren beruhigenden Charakter, die Stille, den Schlummer, Befriedigung ohne Sorge oder Bedauern, sonnenbeschienene Ebenen und Quellen, die unter unseren Schritten entsprangen. Wie sich selbst machte er auch mich ganz und gar gegenwärtig ...

IV

Wenn ich zu ihm nach Hause kam, ärgerte mich die Aussicht, wieder mit ihm hinausgehen zu müssen – ein ganz natürlicher Widerspruch. In gewisser Weise war ich sein

Diener. Manchmal glaubte ich mich frei von allen Verpflichtungen, doch ihm gegenüber war ich es nie. Es war ein Opfer – aber eines, das sofort vergolten wurde. Ich musste an nichts mehr denken und ließ mich einfach treiben.

V

Ich schreibe gerade in genau dem Zimmer, in dem sich Taïauts Agonie abspielte. Er kannte das Zimmer, denn wir hatten es gemeinsam mehrere Sommer bewohnt. Manchmal hatte er hier nachts auf einem Teppich geschlafen. Stets freute er sich, den vertrauten Ort wiederzusehen. Als wir einmal nach einer anstrengenden, dreitägigen Reise zurückkehrten, war er so glücklich, dass er, der zuvor ausgestreckt dagelegen hatte, aufstand und in seiner üblichen Ecke etwas Gras fraß. Das Ende seiner Reise war gekommen. Und es war zugleich das Ende seines Lebens.

VI

Wenn wir in ein Land zurückkehren, in dem wir einst gelebt oder insbesondere die Ferien verbracht haben, scheinen wir auf seltsame Weise gegen Unglück geschützt. Aus dem Himmel, der Erde und allem, was diese großen Mächte schaffen, schöpfen wir Kräfte, die sie uns zu unserem Schutz zur Verfügung stellen. Doch wenn unser Datum im großen Buch vermerkt wird, hilft das nicht mehr. Ein innerer Feind, den wir stets mit uns führen, bekämpft von nun an wütend unsere Existenz. Im einen Augenblick glauben wir, ihn unterwegs losgeworden zu sein, oder hoffen, dass die Einflüsse, die uns bislang stets nützlich waren, auch jetzt wieder die Oberhand gewinnen mögen. Besserung scheint in Sicht, die

Hoffnung ergreift wieder Besitz von uns (hat sie uns denn je losgelassen?). Und dann stürzt alles in sich zusammen, und wir sind für immer verloren.

VII

Man könnte meinen, das Wiedersehen mit geliebten Menschen gäbe uns neue Kraft. Bei unserer Ankunft hatte ich den Hund im Zimmer gelassen und war ins Esszimmer zu unserer Gastgeberin und Freundin gegangen. Die Tür hatte ich angelehnt. Wie überrascht wir waren, als wir plötzlich den Hund hereinkommen sahen, der sich doch sonst kaum auf den Beinen halten konnte! Er wollte nicht allein bleiben, nicht zurückgelassen werden.

Ich bin glücklich, ihn bis zum letzten Moment bei uns behalten zu haben. Am Tag vor der Abreise wollte er im Zimmer direkt am Bett schlafen. Und am nächsten Morgen kletterte er von selbst ins Auto. Sein Gebet stieß bei uns nicht auf taube Ohren.

VIII

Während ich in genau dem Zimmer schreibe, in dem er seine letzten Augenblicke verlebte, denke ich an die in einigen Ländern existierende Sitte, einen Raum, in dem ein Familienmitglied gestorben ist, nicht mehr zu benutzen. Der Raum wird belassen, wie er ist. Niemand geht mehr hinein. Wahrscheinlich wäre schon nach einer Generation kein Platz mehr für die Überlebenden, wie groß das Haus auch sein möge. Und doch fasziniert mich irgendetwas an dieser Sitte.

IX

Sofort nach dem Tod stellt man sich die Frage: Wie konnte es dazu kommen? Hätte das nicht vermieden werden können?

Auf einem Bild von Goya sind mehrere Ärzte zu sehen, die um einen Kranken gruppiert sind. Darunter steht: »An welchem Übel starb er?«

Er starb, so viel ist sicher, aber der Tod bedarf eines Namens. Das ist das Anliegen der Ärzte – doch ist es nicht letztlich das Anliegen aller Menschen? Nach einem Ende, das sie als »fatal« bezeichnen und dessen Fatalität eigentlich alle Fragen ersticken müsste, beginnen sie mit der Suche nach dem Mörder! Doch der Mörder ist die Natur, die uns an unserem ersten Lebenstag bereits unseren letzten schenkt.

X

Die Diagnosen widersprachen einander. Der von einem menschenfeindlichen, tierlieben Schriftsteller (bei dem dies unbedingt zusammengehört, denn der Hass braucht ein Alibi) empfohlene Tierarzt glaubte an ein einfaches »Leiden des Verdauungsapparats«. Wegen der »45 Jahre Berufserfahrung« war er sich seiner Sache zu sicher. Es hätte einer Sekunde der Intuition bedurft.

XI

Immerhin haben wir ihn nicht zurückgelassen. Er ist uns auf diese letzte Reise gefolgt, genau wie auf alle Reisen zuvor. Er saß auf der Rückbank des Autos am Fenster, das man immer offen lassen musste, damit er den Kopf herausstrecken konnte. Wie alle Hunde betrachtete er neugierig alles, was es unterwegs zu sehen gab. Nachts schlief er auf der Rückbank.

Die Schwierigkeiten begannen, als wir im Hotel ankamen.

XII

Die unangenehmste Reise führte uns nach Venedig. Autos durften nicht in die Stadt hinein, sondern mussten in jenem riesigen Parkhaus abgestellt werden, auf das die Venezianer so stolz sind. Also saßen wir mit unserem Gepäck und dem Hund, den wir wieder einigermaßen beruhigt hatten, in einer Gondel. Unterwegs geschah etwas, das ich nie zuvor erlebt hatte: Ein Fisch sprang in die Gondel, die ziemlich tief im Wasser lag. Der Gondoliere griff danach, aber der Hund war schneller. »Das war mein Mittagessen«, bedauerte der Mann.

Im Hotel gab es nichts, womit wir den Hund hätten füttern können. Nachdem ich mit ihm durch die Gässchen spaziert war, musste ich deshalb in einem Milchgeschäft haltmachen, wo ich zwei Joghurts kaufte, deren einen – zum stummen Entsetzen der Anwesenden – mein Hund aß.

XIII

Bräuchte es noch einen Beweis für die Vielfalt der Sitten, man erhielte ihn, indem man mit einem Tier verschiedene Länder bereiste. In der Schweiz würden sich die Leute wundern, jemanden mit einem Hund reisen zu sehen. »Wie? Ist das jetzt erlaubt?« Die Schweiz hatte gerade erst ein entsprechendes Verbot aufgehoben, das bestimmt einem Ideal von Sicherheit und Kontrolle entsprungen war. Seitdem durften ausländische Hunde ihre Besitzer begleiten und wurden dazu einfach an der Grenze in deren Pässe eingetragen. Übrigens lieben alle Schweizer Tiere; sie versuchen nur, diese Liebe mit den Hygienevorschriften in Einklang zu bringen. In Italien sind Hunde nicht gern gesehen, weil die Menschen schon genügend Probleme haben. Als Ungaretti sah, wie der Hund mit uns in die Gondel stieg, rief er: »Anche il cane!« Er war einfach überrascht.

XIV

Alle großen Fragen beschäftigen sich mit dem menschlichen Leben. Und dieses wird – wenigstens bei uns – immer von dem der Tiere getrennt.

Dabei werden Tiere oft mit derselben Medizin behandelt wie die Menschen. Und haben oft die gleichen Gefühle. Taïaut war sehr an unserer Aufmerksamkeit gelegen.

Sobald wir Besuch bekamen, setzte er sich neben uns, um Aufmerksamkeit auf sich zu ziehen, gestreichelt zu werden oder einfach Gesprächsthema zu sein. Er grollte, wenn er ausgeschimpft wurde, und versuchte dann nicht mehr, unsere Hände zu lecken. Er schmollte und machte nie den ersten Schritt auf uns zu. Und wer wollte behaupten, dass der Blick der Hunde nicht genau jene Gefühle ausdrückt, die wir auf gleiche Weise empfinden? Auf gleiche Weise? Nein. Weniger gut, denn all unsere Gefühlen bergen – anders als die der Hunde – eine Komplexität, die uns daran hindert, absolute Freude und absolutes Leid zu erleben.

XV

Anders als Menschen haben Hunde nicht die Fähigkeit, in andere Welten zu flüchten. Sie befinden sich stets ganz vorne auf der Bühne und kümmern sich weder um das Bühnenbild noch um die Rollenverteilung oder den Souffleur. Die Menschen – nicht alle, aber die Misstrauischen – merken eines Tages, dass sie nichts als Figuren sind. Sie wollen etwas über das Thema des Stücks herausfinden, das sie aufführen sollen. Sie fragen sich, warum sie genau für diese und nicht für jene Rolle ausgewählt wurden, und würden dies gern ändern. Aber die Schicksalhaftigkeit ihres Charakters erlaubt es ihnen nicht. Die Tiere dagegen gehen ganz offen an das Spiel heran und blicken nach vorn, ohne sich Fragen zu stellen.

XVI

Für uns ist es gleichzeitig sehr leicht und beinahe unmöglich, uns der Tiere zu entledigen. Nichts zwingt uns, sie um uns zu haben, aber die Art und Weise, wie sie uns ihre Bedürfnisse zu verstehen geben, übt einen unwiderstehlichen Druck auf uns aus. Wir hatten diesen Hund bei uns aufgenommen, weil er uns durch die Straßen der kleinen Stadt Sisteron gefolgt war, genau wie andere streunende Hunde, weil sein Blick den Blicken der Statuen und Menschen glich und weil eine Narbe zwischen seinen Augen auf die Wunde verwies, die ein von Kindern geworfener Stein ihm zugefügt hatte. Wir hätten ihn später auch wieder zurücklassen können, aber die Schwierigkeiten, die seine Anwesenheit uns einbrachte, banden uns umso mehr an ihn.

XVII

War dieser Hund anhänglich? War er treu? Wenn ein lebendiges Wesen verschwindet, schreiben wir ihm nachträglich alle möglichen Vorzüge zu. Wir sind ihm gegenüber leicht positiv voreingenommen. Diese Scheinheiligkeit bringt mich ins Grübeln, und doch bin ich ihrer genauso schuldig wie die anderen.

Taïaut ging gern mit uns fort, als wir ihn an dem Ort aufsuchten, an dem wir ihn zum ersten Mal gesehen hatten. Wie ein Hund es eben tut, war er uns gefolgt und hatte nicht mehr von uns abgelassen. Letztlich gibt es kaum einen Hund, der dies nicht tut, wenn man ihn ansieht und ihm schmeichelt. Für uns war nun die Zeit gekommen, uns »einen Hund zu holen«, die Zeit, in der wir seine Gesellschaft brauchten, genau wie ein junger Mann, der lange Zeit nichts von der Ehe gehalten hat, sich plötzlich zur Hochzeit mit der erstbesten Frau entschließt.

XVIII

Sind die Gefühle, die wir einem Tier oder einem Menschen zuschreiben, nicht direkt von den Umständen, Begegnungen oder Stimmungen beeinflusst? Vielleicht gar von der jeweiligen Spezies an sich? Man sagt, Katzen seien sauber, weil sie ein Loch in die Erde graben und ihre Exkremente dort hinterlassen. Doch könnten sie anders handeln? Mit Grund gibt es Hunderassen, die sich besonders gut für die Jagd eignen, während andere gute Wachhunde abgeben, Pudel als intelligent und zugewandt gelten und Schäferhunde als treu. Jagdhunde müssen von Anfang an von dem Menschen aufgezogen werden, der später ihr »Herrchen« werden will. Sind sie älter als ein Jahr, bauen sie keine Bindung mehr zu ihm auf. So war es bei unserem Hund. Dennoch war er auf seine Art treu und liebevoll.

XIX

Wie gesagt: »auf seine Art«. Als wir in Fontenay-aux-Roses lebten, gefiel es ihm dort sehr. Ich weiß nicht, ob es an dem großen Haus lag, am Park oder daran, dass er dort viele Freiheiten hatte und sie nutzte, um alle Mülleimer zu inspizieren. Ich glaube, der Grund war eher die Hündin, die im gleichen Haus lebte und zu der er eine innige Beziehung hatte. Sobald er morgens aufwachte, leckte er ihr die Schnauze. Kam ein Fremder, war er jederzeit bereit, zuzubeißen, wenn die Hündin Junge hatte oder er sie gefährdet glaubte. Als wir von Fontenay nach Bourg-la-Reine umzogen, lief er regelmäßig davon, um Frieda zu besuchen.

XX

Was wir als Treulosigkeit bezeichnen, ist in diesem Fall nur die Treue gegenüber jemand anderem. Er war in genau dem Maße untreu, in dem er treu war. Die ersten Male verstand ich ihn nicht und maßregelte ihn streng, ohne ihn jedoch zu schlagen. Es ist ärgerlich, in den unmöglichsten Momenten drei Kilometer zurücklegen zu müssen, um einen Hund abzuholen, der einem selbst gehört (wenigstens in moralischer Hinsicht, wie man glaubt).

Doch zwei Dinge machten mir sein Verhalten begreiflich: Erstens lief er nur weg, wenn er nach Fontenay wollte, sodass er eigentlich nicht vor uns fliehen, sondern jemand anderen wiedersehen wollte. Zweitens leistete er keinen Widerstand, wenn ich ihn zurückholte, sondern senkte den Kopf, als sei sein Schicksal unausweichlich.

XXI

Ich bewundere die Geduld der Tiere. Sobald sie begriffen haben, dass es nicht anders geht, beugen sie sich den Gesetzmäßigkeiten der Elemente oder des Menschen – was für sie das Gleiche ist. Sie warten. Doch anders als für uns, die wir uns angesichts der flüchtigen Zukunft aufregen, ist die Wartezeit für sie keine verlorene Zeit, sondern eine unbewegliche Gegenwart, die zwar nicht unendlich ist, aber jede Faser des Bewusstseins erfasst. Ein Hund, den man einen Tag lang im Haus einsperrt, wird sofort das Beste daraus machen: Er wird durch die Zimmer streifen, sich den gemütlichsten Sessel suchen und darin einschlafen.

XXII

Zweifelsohne haben wir den Hund mindestens so unglücklich wie glücklich gemacht, indem wir ihn seinem Leben als Streuner entrissen. Er war in gewisser Weise glücklich, weil er so viel fressen konnte, wie er wollte, und es ihm an nichts fehlte – außer an Freiheit. Immerhin war er daran gewöhnt, frei zu leben, und die Zwänge dürften ihn stärker beeinträchtigt haben als der Mangel an Freiheit. Es ist wahr, dass er menschliche Zuneigung brauchte. Als wir einen Sommermonat im Landhaus unserer Freunde in Aix verbrachten, verschwand er eines Tages. Am nächsten Tag kehrte er im Morgengrauen ohne Halsband zurück. Da die Jagdsaison gerade begonnen hatte, war er wohl gestohlen und angekettet worden, doch in der Nacht war es ihm gelungen, den Kopf aus dem zu weiten Halsband zu ziehen und zu uns zurückzukehren. Er brauchte wohl doch nicht nur die Freiheit.

XXIII

Dennoch war es schwer für ihn, ständig in seiner Bewegungsfreiheit eingeschränkt zu sein. Auf dem kleinen griechischen Schiff, das uns von Marseille nach Alexandria brachte, fand er keinen geeigneten Platz. Der Kapitän hatte uns vorab auferlegt, »ein kleines Haus« für den Hund mitzubringen (er meinte ein Körbchen). Auf dem Zwischendeck befanden sich einige Käfige, aber Taïaut weigerte sich, hineinzugehen. Schließlich legte er sich in der Kabine auf den Teppichboden, doch auch dort gefiel es ihm nicht, und wenn er zu lange eingesperrt war, zerfetzte er irgendwelche Sachen. Eines Tages erwischte er *Verbrechen und Strafe* – übrigens nur die mittleren, am wenigsten pathetischen Kapitel.

XXIV

Das Schreiben muss mit dem Tod verwandt sein. Früher hätte mir das gefallen; heute hasse ich diese Tatsache. Wäre der Hund am leben, würde ich nicht über ihn sprechen. Ich wäre glücklich (oder unglücklich) darüber, mit ihm zusammenzuleben, und das wäre genug. Aber er ist verschwunden, und ich habe Lust, kann nicht umhin, zu rekapitulieren. Vielleicht tue ich dies auch, um ihm ein zweites Leben zu ermöglichen?

XXV

Was unternimmt man doch für schwierige Reisen in Begleitung von Hunden! Die Menschen haben wahrlich ein ganz anderes Leben als die Tiere, die sie zu lieben behaupten. In jeder Stadt gibt es zahllose Verbote: Hunde dürfen nicht herumlaufen, sie müssen auf der Straße an der Leine geführt werden und dürfen nur mit Maulkorb und dem Einverständnis der anderen Passagiere im Zug mitfahren. Im Übrigen vertieft das moderne Leben mit seinen Maschinen die Kluft zwischen Tier und Mensch. In der Antike war das bestimmt anders. Heute ist die Akropolis für Hunde verboten, genau wie alle anderen alten Bauwerke und Ruinen, in denen sie doch keinerlei Schaden anrichten könnten. Kirchen selbstverständlich auch.

XXVI

Wir wollen unbedingt frei sein, und doch wissen wir mit unserer Freiheit nichts anzufangen. Ich habe oft gesagt: »Wenn ich keinen Hund mehr hätte, wäre das Leben angenehm!« Noch während ich das sagte, ahnte ich, dass ich traurig sein würde, keinen Hund mehr zu haben. Außerdem hatte ich schon genug erlebt und konnte diesen Wunsch deshalb nur äußern, indem ich ihn negierte, kaum dass er formuliert war.

XXVII

In der Kirche höre ich immer Predigten, in denen Gott gehuldigt wird, manchmal auch den Menschen, aber nie den Tieren.

XXVIII

Gleicht das tierische Leid nicht dem menschlichen? Taïaut litt so, wie auch ich leide, wenn ich krank bin. Ich glaube sogar, dass auch sein Gemüt während dieser letzten Krankheit litt (abgesehen davon, dass es töricht ist, beides zu trennen). Wenn man das Leiden der Menschen »erklärt« und »rechtfertigt«, warum nicht auch das der Tiere?

XXIX

Ist dir noch nicht aufgefallen, dass die Gespräche in den endlosen Nächten, die dem Tod eines Geliebten vorausgehen, ernst werden und man Fragen anzusprechen wagt, die man sonst aus Schamgefühl – oder weil man einfach nicht daran denkt – nicht stellt? »Glaubst du?«, fragte mich M. Und mit diesen beiden Worten wollte sie sagen: »Glaubst du *trotzdem* an jene unsichtbare Welt, in der alles lebt, was der Liebe würdig ist?« Der Schein ist so trügerisch! Der Glaube muss aus uns selbst kommen und nicht aus dem, was wir sehen.

XXX

Natürlich glaube ich. Ich kann nur an diese Welt des Lichts glauben, die das Leben verlängert und welche die Künstler und Gläubigen stückweise zu erfassen versuchen. Ich glaube an Gott. Aber ich kann nicht glauben, dass in dieser schlammigen Welt, durch die wir uns kämpfen, alles durch die Präsenz Gottes erklärt oder gerechtfertigt werden kann. Mir scheint, eine dunkle Wand erhebe sich vor ihm und leiste seinen Taten Widerstand. Die Mikroben sind stark. Gegen sie sind die Priester machtlos; nur andere Mikroben können sie töten.

XXXI

Ah! Selbstverständlich kann es sein, dass »das Böse durch die Sünde in die Welt gekommen ist«. Unsere Fehler haben bestimmt einen großen Anteil an unserem Leid. Aber die Lichtstrahlen des Guten dringen nicht bis in jene Tiefen, in denen jene Wesen sich drängeln, die einander verschlingen und deren Vorstellung des Guten dem Schlechten entspringt, das sie anderen zufügen. In diesem Sumpf sehe ich die Hand Gottes nicht. Empfindet er also weniger Mitleid als ein Mensch?

XXXII

Der Mensch ist wahrlich scheinheilig, denn er behauptet, Mitleid mit den Tieren zu haben, während er sie doch zugleich ausbeutet und sich von ihnen ernährt. Überall das gleiche verabscheuungswürdige Schauspiel. Der Starke schmückt sich mit der Haut des Schwachen und soll ihn doch lieben.

XXXIII

Um wieder auf Taïaut zurückzukommen: Ich stelle mir die Fragen, die man sich immer stellt. »Wäre die Diagnose rechtzeitig gestellt worden, hätte man ihn retten können? Hätte er länger gelebt, wenn wir ihm die dreitägige Reise von Paris nach Aix erspart hätten? Hätten wir sein Leid nicht verringert, wenn wir schneller am Ziel gewesen wären? Warum haben wir ihn in Saint-Martin-de-Castillon zwei Stunden lang im Auto gelassen, wo er den Fliegen ausgeliefert war und aufstehen musste, um sie zu jagen? Wir hätten doch einfach durchfahren können.«

XXXIV

»Wenn man ihm schon eine Spritze geben musste, warum haben wir ihn eine ganze leidvolle Nacht lang darauf warten lassen? Hatte er mich darum gebeten, zu sterben? Nein, er wollte leben. Mit welchem Recht brachten wir ihm den Tod, während er glaubte, wir brächten ihm das Leben?« Als der Tierarzt kam – und zwar jener, der für immer heilt –, sagte er zu M.: »Halten Sie seinen Kopf mit beiden Händen.« Taïaut ließ es vertrauensvoll geschehen.

XXXV

Wenn man dem, den man liebt, plötzlich den Tod bringt, geht es dann darum, dessen Leiden zu verkürzen oder das eigene? Agonie ist ein unerträglicher Anblick. Aber man kann auch aus Liebe handeln.

XXXVI

Letztlich haben Philosophie und Religion doch nur ein Mittel gegen Krankheit, Alter und Tod: Tun Sie, als seien Sie krank, alt oder tot. Entsagen Sie der Lebensfreude, um keine Angst mehr vor ihrem Verlust haben zu müssen. Pflegen Sie die Vorlieben der Alten, um nicht von den Freuden der Jugend enttäuscht zu werden. Versuchen Sie, wenn Sie können, wie ein Kadaver zu sein, um den Verletzungen des Lebens zu entgehen!

XXXXVII

Während ich diese Seiten schreibe, folge ich spontan dem Rhythmus, der mir in hinduistischen oder persischen Gedichten gut gefallen hat – den Vierzeilern von Omar Khayam, den Ghasels von Hafiz und den *300 weisen Sprüchen* des Bhartrihari. Letzterer setzt sehr eindringliche Akzente, wenn er in jeder seiner 300 Strophen von der Liebe, dem Wissen und der Entsagung spricht. Die kurze Form und der ruckartige, keuchende Rhythmus scheinen dem Herzschlag zu entsprechen.

XXXVIII

Diese großen Momente sind nötig, damit der Mensch den Abgrund ermessen kann, an dessen Rand er sich bewegt und in den er stets zu stürzen droht.

Sie sind nötig ... aber warum sind sie nötig?

XXXIX

Wir haben das gleiche Schicksal. Deshalb schäme ich mich auch nicht, über einen Hund zu sprechen. Auch du wirst vielleicht an Leberkrebs sterben. Um dein Leiden wird es mehr Gewese geben. Man wird mehr Geld dafür ausgeben und daran verdienen, vielleicht wird etwas mehr Zeit vergehen, und sicherlich wird viel mehr darüber gesprochen werden. Dein Leichnam wird schön gekleidet in eine schöne Kiste gelegt und nicht nur mit einem Halsband versehen in eine alte Decke gewickelt werden.

Wenn etwas in dir weiterlebt, warum nicht auch in ihm?

XL

Wie ich das Leben liebe! Genau aus diesem Grund denke ich die ganze Zeit an den Tod. Ich habe ein großes Bedürfnis nach Glück, aber nicht die Kraft, es zu erzwingen. Die anderen verlangen Rechtfertigungen und sehen nicht ein, dass man sich am Leben erfreuen kann, während es ihnen selbst nicht gelingt. Man muss sich verstecken oder sie glauben machen, das eigene Glück sei im allgemeinen Interesse!

XLI

Wenn ich an die Familie Borromäus denke, sage ich mir, dass ich – außer im Traum – nicht dieser Karl hätte sein können. Er war der Namenspatron meiner Schule und verhielt sich zu Zeiten der Pest als Erzbischof von Mailand überaus heldenhaft. Ich wäre eher einer von jenen gewesen, welche die Grotten und Felsen der Isola Bella errichten, die verschiedensten duftenden Gewächse und Blumen pflanzen ließen und von den Terrassen der Villen aus die riesenhafte Statue ihres großen Verwandten betrachteten, die sich über den Lago Maggiore erhebt.

XLII

Schmerzen verdunsten wie Tau, wenn sie eine Sprache finden. So sind die Künstler von allen Menschen am wenigsten zu bedauern, obgleich sie die Unglücklichsten sind.

XLIII

Der Übergang – wenn es einer ist – ist doch wirklich abstoßend! Ein Kranker ist von so viel Schmutz umgeben: Wäsche, Decken, alles muss ständig gewechselt werden. Die Verwesung beginnt. Und so sind alle erleichtert, wenn das Ende endlich naht. Man wäscht Dinge, man verbrennt Dinge. Das Reich der Mineralien mag Staub und Schlamm enthalten und ist doch makellos gegenüber dem Reich des Lebens und dessen unendlichem Auswurf.

XLIV

»Haben Sie keine Angst«, sagte mir jemand, »ein Lebewesen stirbt nie ganz. Teile seines Körpers wachsen weiter, auch wenn die Funktionen eingestellt wurden. Die Haare wachsen noch. Napoleons große Zehen haben sogar seine Stiefel durchbrochen!« Die Verlängerung des Lebens in seinen elementaren Formen erscheint mir wie eine Verhöhnung. Es ist sogar eine Schande.

XLV

Mir ist klar, dass alle meine Gedanken aus Verzweiflung, Ungläubigkeit und Auflehnung bestehen. Dennoch kann ich nicht umhin, zu glauben. In meinem Inneren befinden sich zwei Wesen in Konflikt miteinander; ich brauche eine allmächtige rettende Kraft, um zu erkennen, was meine innere Nacht so hartnäckig vor mir verbirgt – aber doch nicht hartnäckig genug, um mich gänzlich erblinden zu lassen.

XLVI

Ich komme nochmals auf die »Viecher« zurück. Wie frei sie doch sind! Sie tun nur, wonach ihnen der Kopf steht, und haben keine Berufe

Ich korrigiere mich: Sie sind frei, sofern sie keine Bindungen aufbauen. Kann man sagen, dass Hunde, die ihre Herrchen und ihr Haus lieben, frei sind? Katzen sind es gewiss. Ihre Freiheit ist die Entschädigung für ihre Untreue.

Welch arme Tiere doch die Hunde sind, die zwischen diesen beiden Lebensformen existieren und stets Gefahr laufen, das Paradies auf Erden zu verlieren, während sie sicher sein können, nie in das andere Paradies zu gelangen!

XLVII

In psychologischer Hinsicht gibt es zwei Arten von Hunden – sagt ein großer Forscher, der sie studiert hat:

Jene, die vom Schakal abstammen. Sie sind Egoisten, Feiglinge und Verräter.

Und jene, die vom Wolf abstammen. Sie sind gute, treue Hunde.

XLVIII

Wie jene Hunde, die vom Wolf abstammen, würde auch ich gerne einer einfachen Regel folgen, der zufolge ich mich nur der Liebe anzupassen hätte! Die Natur könnte gegen mich sein, meine Herrchen könnten mich verlassen, meine Artgenossen könnten mich angreifen – und doch hätte ich ein reines Herz*.

XLIX

Es genügt nicht, für sich selbst zu leiden; man muss es auch den anderen zuliebe tun. Man leidet, wenn diese leiden. Es reicht nicht, sich von seinem Besitz loszusagen, man muss sich auch von jenen lossagen, die man liebt. Am besten wäre, sich erst gar nicht zu binden – oder nur oberflächlich, indem man »alles für alle« ist.

L

Ich will mich nicht binden, aber ich bin einverstanden, wenn jemand sich an mich bindet. Alle, die mir gleichen, denken so, und wenn sie schon niemanden finden, der ihren Wünschen nachkommen kann, so finden sie doch stets einen Hund, in dessen Augen sie weder Krüppel noch Blinde, Taube noch Missgeburten oder Alte sind.

---

* *I must love* lautet die Devise, die ich (im Museum von Carpentras) auf dem Halsband eines Hundes entdeckte, den ein Gemälde in Begleitung seines Herrchens zeigte.

LI

Morgens kommen die Tiere zu uns und bezeugen uns ihre Zuneigung. Ihr Tag beginnt mit einem Akt der Liebe und des Vertrauens. Wenigstens haben sie die Energie dafür.

LII

Ich schreibe jetzt weiter, fühle mich aber leer. Wie ausgetrocknet. Die Flut der großen Gefühle hat sich zurückgezogen. Sie hatten mich ganz umgeben, und ich glaubte, für immer in ihr ertrunken zu sein. Sie kann von einem Moment auf den anderen zurückkehren. Momentan würde ich mich gerne an dieser Trockenheit freuen, aber ich kann es nicht. Sie ist kein Glück, sondern eine Entbehrung.

LIII

»Gott hat die Naturgesetze mit seiner souveränen Intelligenz aufgestellt. Ihn ständig um Wunder zu bitten käme einer Aufforderung gleich, er solle seine Meinung ändern.« Das sagte heute ein Priester in meiner Gegenwart.

Das stimmt natürlich. Aber wozu dient ein so mächtiges und so gutes Wesen, wenn man den blinden Gesetzen einer Natur unterworfen ist, die doch ganz von einem selbst abhängt? Von Äskulap konnte man keine Wunderheilung erwarten – obwohl er in Epidauros angeblich eine solche vollbrachte – aber vom Gott des Moses?

LIV

»Müsstest du nicht dankbar sein für die Freuden, die dir zuteilwurden?«, wirst du mir sagen. Doch was, wenn die gleiche Hand sie zurücknimmt, die sie gespendet hat?

LV

Eines Nachmittags gingen wir auf dem Land bei Aix in der Nähe des Jagdschlösschens von König René spazieren. Plötzlich merkten wir, dass Madeleine nicht mehr bei uns war. Vergeblich riefen wir nach ihr. Taïaut bemerkte unsere Sorge (das Verschwinden war ihm nicht aufgefallen) und fing an, ganz seltsam zu bellen, als sei er in Panik.

LVI

Litaneien und Kirchenlieder erzeugen um mich herum die gleiche Atmosphäre wie Spaziergänge mit dem Hund: eine glückliche Schläfrigkeit.

LVII

Heute ist der erste Juni. Die Vögel zwitschern; in der Ferne gackert ein Huhn. Schwach ist das Geratter eines Zuges zu hören. Ein Hahn beginnt zu krähen. Die Welt hat die Fülle eines Eis.

Was fehlt ihm bloß? Hinter seinem klar gezeichneten Gesicht sehe ich Gesichter aus gestrichelten Linien, und wenn ich das Pech habe, diese Gesichter anzusehen, werden sie so zahlreich, dass das eigentliche Gesicht hinter ihnen verschwindet.

LVIII

Keinen Gram und keine Sorgen mehr! Ihre Abwesenheit lässt eine kleine Leere im Alltag entstehen, sodass man sich dabei ertappt, dieser die Schmerzen vorzuziehen.

Gestern Nacht ging ich ins Esszimmer, um Obst zu essen. Der Hund lag nicht mehr in seinem Körbchen in der Küche, weshalb kein Risiko bestand, dass er aufwachte und nach draußen wollte. Wie gerne wäre ich dieses Risiko eingegangen.

LIX

Noch jetzt wäre es mir lieber, er würde mich beim Schreiben stören und mich mit jener Bestimmtheit, die Tiere an sich haben, zu einem Spaziergang auffordern. Dann müsste ich dies jetzt nicht schreiben – so sehr steht doch das Schreiben im Gegensatz zum Leben – und könnte nicht gestört werden, denn ich hätte die Seite nicht vor mir, die ich noch füllen muss.

LX

Was die Leute auch behaupten mögen – das Tageslicht ist sanft, und das, was man uns für später in Aussicht stellt, kann ihm höchstens gleichen. Um uns zu ködern, sagt man uns, es währe für immer. Und wir können uns nicht vorstellen, dass es anders ist.

LXI

Wenn wir uns über andere oder über uns selbst beschweren, vergessen wir dabei die Freuden, die das Leben für uns bereithält. Und kennen wir denn den Schmerz, wenn wir nicht zuerst die Freude kennenlernen, deren Mangel der Schmerz doch zunächst ist? Ein Tier ist glücklich, am Leben zu sein. Warum sollte es im Angesicht der Schmerzen am Ende des Lebens die Freude negieren, die es sein ganzes Leben lang empfunden hat?

LXII

Wir neigen dazu, das Schicksal, die Natur, Gott anzuklagen (so viele Namen, die in diesem Fall doch eine einzige Wirklichkeit bezeichnen), weil wir glauben, die Erfahrung einer einzigen Freude sichere uns das ewige Glück, garantiere uns gewissermaßen dessen Besitz. Wenn man genauer darüber nachdenkt, ist das eine unsinnige Vorstellung, aber auch nicht unsinniger als die eines Waisen, der von einem Unbekannten aufgenommen wird und in ihm seinen Vater zu sehen glaubt.

LXIII

Morgens wundere ich mich darüber, seine Schritte nicht auf der Treppe zu hören. Er sprang immer aufs Bett, ohne um Erlaubnis zu bitten ...

Tagsüber war er weniger dreist. Er lag auf dem Teppich und flehte mit den Augen darum, auf der Daunendecke liegen zu dürfen.

LXIV

Beim Essen durfte er nur ausnahmsweise dabei sein. Normalerweise wartete er hinter der Esszimmertür darauf, dass das Abendessen seinem Ende zuging, und kam dann herein. Durch den Türspalt sah ich zunächst seine Schnauze. Er wollte die Sache beschleunigen und wanderte von einem zum anderen und legte den Kopf auf die Knie jener Person, die er für die großzügigste hielt.

LXV

Gestern Nacht, vom 4. auf den 5. Juni, habe ich Taïaut im Traum gesehen. Nachdem er gestorben war, erwachte er wieder zum Leben und starb ein zweites Mal. Sein Körper war ganz klein geworden. Ich wickelte ihn in die sehr weiche Haut eines haarlosen Tieres – eine weiße, samtige Haut.

LXVI

Die Geschichten, welche die Nachbarn über die intellektuellen Leistungen ihrer beiden Hunde Flambeau und Myrrha erzählen, amüsieren mich. Flambeau hat verstanden, dass er zu Myrrha darf, wenn er bellt, und dass er diese Erlaubnis umso bereitwilliger erhält, je lauter er bellt.

LXVII

G. P. hat Taïauts Ableben sehr berührt. Er hatte sich um ihn gekümmert – ich würde sagen, aus Gefälligkeit, wenn dieses Wort nicht eine Überlegenheit des Menschen gegenüber dem Tier verriete. Nun gibt es aber Menschen, die sich dazu nicht in der Lage glauben und deren Ideal es ist, als Zyniker zu leben, in diesem Fall als sentimentale Zyniker.

LXVIII

Ich habe in meinem Leben viele Hunde gekannt. In meiner Kindheit hatte ich viel Spaß mit einem Foxterrier namens *Lulu.* Mein Onkel hatte außerdem einen dicken Schäferhund, der *Cadenne* hieß und den er zu einem bösen Tier machte, indem er ihn an der Kette in einem Gatter hielt. Er sollte die Firma und das Büro bewachen. Später hatte ich selbst einen Hund, der aber grundlos Passanten biss und den ich schließlich loswerden musste.

LXIX

In einem Land wie dem unseren könnte jeder genauso viele oder mehr Hunde aufzählen, die er versorgt hat, jedoch nicht in einem muslimischen Land, in dem »Hund« die schlimmste Beleidigung ist. Dort gilt der Hund als ebenso unrein wie das Schwein, lebt von Müll und streicht durch die Städte. Er gilt als wildes Tier und ist gerade dazu gut, Zelte in der Wüste zu bewachen.

So einen Hund hatten wir bei uns aufgenommen. Wir nannten ihn *Mouski*, nach dem Geschäftsviertel in Kairo. Die Frau eines Archäologen aus Theben hatte uns gebeten, ihn aufzunehmen. Er sprang Fremde an, biss sie und attackierte sogar manchmal uns selbst. Sein Fell sah aus wie ein wunderbares weißes Vlies.

LXX

Ein Islamforscher sagte mir einmal, die Muslime würden Hunde nur deshalb nicht mögen, weil sie diese nicht kennten. Er erzählte, sein Hausangestellter habe den Hund der Familie nicht gut behandelt. Als die Familie des Forschers verreist gewesen sei, habe der Hund gejault und die Nahrung verweigert. »Warum?«, habe der Hausangestellte gefragt. – »Weil er seine Frauchen vermisst.« – »Aber«, habe der Hausangestellte geantwortet, »das sind doch Menschen?«

LXXI

»Wolltest du doch nie säen, was du ernten wirst!«, schreibt Hafiz. Meine Wünsche übersteigen meinen Bedarf und meine Kräfte. Darin, so glaube ich, gleiche ich allen Lebewesen. Ich suche nach einem Vorbild unter den Hunden und finde keines: Wenn sie die Gelegenheit dazu haben, fressen sie mehr, als sie sollten, und man muss nicht die heilige Schrift gelesen haben, um zu wissen, dass sie auch vor ihrem eigenen Erbrochenen nicht zurückschrecken.

Nein, sie sind nicht besser und nicht geeignet, uns moralische Lektionen zu erteilen. Bescheidener formuliert: Sie sind wie wir.

LXXII

Nach dem Sturm der vergangenen Nacht ist die Temperatur heute früh, Dienstag, den 7. Juni 1955, so angenehm geworden, dass ich einfach nur leben will und mir nicht einmal Mühe geben muss, um die leise Stimme zu ersticken, die mir aufträgt, etwas in welcher Form auch immer auszudrücken. Und doch schreibe ich diese Zeilen, die gerade einmal den Schatten eines Wesens durchscheinen lassen, das ich geliebt habe.

LXXIII

Eine der größten Freuden, die dieser gute Hund vor seinem Tod hatte, bestand darin, dass er seit einem Jahr ein Körbchen hatte, in dem er schlafen konnte. Eigentlich handelte es sich um einen großen, ovalen Weidenkorb, den M. auf dem Basar am Rathaus gekauft hatte. Er zielte zunächst weniger auf den Komfort des Hundes als auf die Sauberkeit der

Küche, in der dieser schlief. Damit die Tücher, die ihm als Bett dienten, sich nicht im ganzen Zimmer verteilten (denn er zerfetzte sie und breitete sie aus, um sich hinzulegen). So entspringt unser Glück und Unglück doch oft einer äußeren Überlegung.

LXXIV

Ich mag die Fürsorge, welche die Menschen kranken Familienmitgliedern entgegenbringen, Kinder den Alten und manche Altenpfleger ihren Patienten. Ein Kissen zu wechseln ist eine Kleinigkeit, aber was, wenn man sonst nichts tun kann? Man überlässt der Natur (ich sage nicht, Gott) das langsame Töten und widersetzt sich ihr so gut wie möglich, also fast gar nicht. Dieses »fast gar nicht« berührt mich. In dieser Spanne scheint die Menschlichkeit auf.

LXXV

Der Konflikt zwischen Natur und Mensch, in dem Letzterer fast keine Chance hat, findet sich auf göttlicher Ebene im Christentum wieder, und zwar zwischen Vater und Sohn. Jener kann fast nichts tun, als diesen anzubeten und anzuflehen, und diese machtlose, von Resignation gefolgte Auflehnung ist es, die uns in der Passionsgeschichte so bewegt. Denn es ist unsere eigene Passionsgeschichte.

LXXVI

Der eine symbolisiert die Natur in ihrer Größe, der andere den Menschen in seinem Elend. Es besteht kein Zweifel daran, dass der Mensch der Natur angehört. In dem Maße, in dem er ihr nicht angehört, liegt sein Unglück. Der Hund scheint ganz Natur zu sein, wie ein echtes Tier. In der Tatsache, ihn als Abgesandten der höheren Macht so nah bei sich zu haben und zu betrachten, lag eine große Ruhe. Doch in seinen zärtlichen Momenten und im Flehen seiner Agonie standen ihm beinahe die Tränen in den Augen. Das war rührender, als wenn ein Mensch geweint hätte.

LXXVII

Als ich gestern Abend auf unserer Landstraße spazieren ging, wurde ich von einer Stille überrascht, an die ich mich noch nicht gewöhnt habe. Ich hörte nicht mehr das wütende Bellen jenes schwarzen Hundes, der auf der anderen Straßenseite hinter den Bahngleisen machtlos die Passanten attackierte. Bestimmt ist er tot. Ich habe jedenfalls gut daran getan, seinem Herrchen gegenüber nur platonischen Protest einzulegen und es nicht zu zwingen, den Hund loszuwerden. *Jener*, der ihn in die Welt gebracht hat, wird ihn genauso diskret von dieser entfernen.

LXXVIII

Wir glauben zu leben, obgleich wir nur überleben. Wir überleben die Blumen, die Haustiere und unsre Eltern. Wir überleben sogar uns selbst, weil Teile unseres Körpers unterwegs abhandenkommen, genau wie später unsere Vorhaben und Erinnerungen. Und doch nennen wir dies: Leben.

LXXIX

Ich weiß, dass es lächerlich ist, Mitleid mit Hunden zu empfinden. Aber alle, die einen Hund hatten, haben dies getan. Nur die Härtesten sind abgestumpft gegenüber diesen sanften, bröckeligen Steinen, die keinen Widerstand leisten und um nichts bitten als um die Erlaubnis, nachzugeben.

LXXX

Hundebesitzer und Hundefreunde sprechen mit ihren Tieren in einer besonderen Sprache, die sie eigens für diese erfunden zu haben scheinen. Sie wenden sich auch in einem besonderen Tonfall an die Hunde: Der Ton zählt mehr als die Worte. Außerdem entdecken sie eine gewisse Verwandtschaft zu ihren Tieren – eine Verwandtschaft, die das Umfeld belustigt, die aber Totem-Anbetern ganz natürlich erscheint und auch den Hundebesitzern selbst in deren Kindheit ganz natürlich erschienen wäre.

LXXXI

Ich werfe mir vor, mich seinem instinktiven Bedürfnis nach dem Umherstreunen und der Jagd entgegengestellt zu haben. Bei uns war er wie ein Arbeitsloser. Die Untätigkeit belastete ihn. Er war nicht zur Arbeit geboren – und glich darin den meisten Menschen –, sondern zur Tat. Auch darin glich er ihnen.

LXXXII

Man bindet sich an jemanden genauso durch die Sorgen, die er uns bereitet, wie durch die Freuden, die er spendet. Er ist uns heilig, weil wir gänzlich für ihn verantwortlich sind, so wie ein Ort heilig ist, dessen Schutz einzig von uns abhängt, weil sein Bewohner allen – und uns selbst – ausgeliefert ist.

LXXXIII

Wir haben das lebenswichtige Bedürfnis, Gutes zu tun, so wie ein Baum, der Schatten spenden muss. Und wir erfreuen uns umso mehr daran, je größer die Distanz zwischen dem Objekt unserer Wohltaten und uns selbst ist.

Selbst der böseste Mensch kann dem Tier nicht widerstehen. Auch ein Rachegott würde den Mantel seines Mitleids um uns elendes Gewürm legen: Die Erlösung ist für den Erlöser genauso wichtig wie für den Erlösten.

LXXXIV

Mitten in der Nacht rief ich ihn manchmal ganz leise zu mir – und manchmal ganz laut, wenn ich sicher war, dass nur die unsichtbaren Mächte mich hören konnten. »Du fehlst mir zu meinem Gleichgewicht, ich werde fallen, ein Loch tut sich neben mir auf, mir wird schwindlig. Als du hier warst, und sei es fern von mir, doch am Leben, war ich sicher wie ein Baum, der neben einem Fluss wächst und seine Krone majestätisch in den Himmel reckt.«

LXXXV

Vielleicht hätte ich mich von dem Ereignis aufsaugen lassen, wenn ich stets im Moment und von einem Tag zum anderen leben würde, wie er es getan hat. Vielleicht hätte ich mir dann all die Schmerzen erspart, welche der sinnlose Blick in die Zukunft mit sich bringt. Kaltblütig hätte ich auf das Leid warten können, eben weil ich es nicht erwartet hätte. Ich hätte in diesem Leben keine Lügen gebraucht und keinen Trost im anderen. Doch lebt ein Tier wie er nicht auch in ständiger Erwartung, und damit in Angst?

LXXXVI

Auf den antiken Stelen ist ein Hund zu sehen, der die Augen zu seinem Herrchen erhebt. Auf mittelalterlichen Grabplatten sieht man Windhunde neben den Toten liegen. Auf unseren Friedhöfen sind die vertrautesten und treuesten Tiere verboten, selbst in Gestalt von Bildnissen. Der Mensch bleibt mit sich selbst allein und bekommt nur, was er verdient.

Manchmal werden Hunde aber an eigens für sie vorgesehenen Orten begraben. So auf dem Friedhof einer Insel bei Asnières ...

LXXXVII

Auf diesem Hundefriedhof feiern die Grabinschriften die Tiere als treu, großzügig und ergeben ... »sein Herrchen wird ihn nie vergessen« ... Und doch sind die Leichen der Menschen nicht hier. Aus Angst, die Sterblichkeit des einen könne die Unsterblichkeit des anderen beeinträchtigen? Um die Trennung beider Schicksale zu betonen? Müssen wir also akzeptieren, nur unter dieser Bedingung unsterblich zu sein?

LXXXVIII

Auch in den altägyptischen Nekropolen sind Menschen und Tiere getrennt. Dabei geht es dort allerdings um Glorifizierung statt um Herabsetzung. Die Ibisse, Stiere, Katzen und Hunde haben – je nach Art – ihren eigenen Bereich und ihre Würde als Mumien. Sie symbolisieren Eigenschaften, die uns wesensfremd sind, nicht aber dem Gott, der das Universum antreibt und in ein paar zusammenhangslosen, verrückten Sätzen voller Kraft, Witz und Liebe gefeiert wird.

LXXXIX

Im Pariser Kaufhaus *Printemps*, genauer gesagt im Untergeschoss bei den Haushaltsartikeln, steht ein Käfig mit einem Schild, auf dem in Großbuchstaben zu lesen ist: »Adoptieren Sie mich!« Wer sich nähert und durch die neugierige Menschenmenge drängt, sieht einen Hund, der sich Mühe gibt, natürlich zu wirken (und jeden Tag von einer Tierschutzorganisation durch einen Artgenossen ersetzt wird). Bei den Betrachtern löst er eine Mischung aus Misstrauen und Mitleid aus. Ist er vielleicht böse?, fragen sie sich. Wird die Hausmeisterin ihn erlauben? Könnte ich ihn in den Urlaub mitnehmen? Was wird Onkel Beelzebub sagen? Kinder zerren an ihren Müttern: »Nimm ihn, Mama!« Aber die vernünftige Mutter überlegt, ob sie nicht lieber einen Plüschhund kauft, als einen lebenden Hund umsonst zu bekommen.

XC

Machen wir es ganz kurz: Wir sollten die lieben, die uns lieben oder bereit sind, uns zu lieben. Wir sollten unsere geringen Kräfte nicht dazu einsetzen, andere zu überzeugen. Wir sollten nicht an unsre Tugenden glauben. Wir sollten dringend den außergewöhnlichen Gefallen annehmen, der uns zuteilwird. Eine Hand schiebt den Vorhang beiseite, der uns isoliert. Sie bietet sich uns dar. Eilen wir uns, sie zu fassen und zu küssen. Wenn sie sich zurückzieht, hast du nichts mehr, denn du selbst bist nur durch diesen Akt der Liebe etwas.

HARTLEY COLERIDGE

Zum Tod von Echo, einer Lieblings-Beaglehündin

Im stillen Erdreich ruht, nunmehr ganz leis,
hier Echo und gibt keinen Laut mehr preis,
kläfft keinen Ton mehr nach – ein Beagle: schnell,
mit Schlappohr, feiner Nas und froh Gebell.
Stets traf, bei muntrer Jagd im Wald, ihr Schall
auf Namensvetters heitren Widerhall.
Doch Echos Laut hat nun der Tod erstickt.
Nichts kommt zurück vom Ruf, den man ihr schickt.

ELKE HEIDENREICH

Nurejews Hund

Als der weltberühmte Tänzer und spätere Choreograf Rudolf Nurejew 1993 in Paris starb, hinterließ er außer Antiquitäten einen Hund namens Oblomow. Es war, wie der literarisch Gebildete unter den Lesern unschwer errät, ein besonders träger Hund. Auf relativ kurzen Beinen und sehr breiten Pfoten trug er einen schweren Leib in den Farben Schmutzig-Weiß, Beige und Verwaschen-Schwarz, seine Augen tränten, seine kräftigen Krallen waren zu lang und kratzten auf Parkettboden, seine Ohren hingen trostlos neben dem melancholischen Gesicht. So elegant, geschmeidig und durchtrainiert Rudolf Nurejew selbst in späteren Jahren und noch zu Beginn seiner tödlichen Krankheit war, so unelegant, übergewichtig und schwerfällig war Oblomow, der Hund. Wie sich besonders schöne und attraktive Menschen instinktiv mit unscheinbaren Freunden umgeben, damit ihr eigener Glanz nicht Schaden nimmt, so hatte sich Rudolf Nurejew, der Weltmeister der Schwerelosigkeit, ausgerechnet diesen kurzatmigen, plumpen Hund ausgesucht, der ergeben neben ihm schlurfte, während sein Herr geradezu flog, tanzte, durchs Leben glitt.

Ausgesucht? Er hatte sich diesen Hund keineswegs ausgesucht, er war eines Tages einfach in sein Leben getreten. Jemand, der immer auf Reisen, immer auf Tournee ist, reißt sich nicht gerade um die Verantwortung für einen Hund.

Rudolf Nurejew war in New York zu einer Party des Schriftstellers Truman Capote eingeladen. Truman lag, als Nurejew die Wohnung betrat, unbeachtet von den Gästen betrunken auf dem Boden und trank mit einem hässlichen, dicken Hund aus einer kostbaren Silberschüssel etwas, das wie Champagner aussah. Beide sahen nicht besonders glücklich aus. Spät in der Nacht, schon fast am Morgen, als alle Gäste gegangen waren, lag Truman, nun schlafend, immer noch auf dem Boden. Nurejew saß in einem Sessel und hörte Musik, der Hund lag auf dem Diwan und sah Nurejew unverwandt aus seinen tränenden Augen an. Natürlich dachte er, das sei Trumans Hund. Er sprach mit ihm, zunächst englisch, aber der Hund rührte sich nicht. Er sprach französisch – nicht einmal ein Schwanzwedeln. Dann sprach er leise ein paar russische Wörter. Da sprang der Hund vom Bett, setzte sich vor Nurejew und hob eine seiner dicken Pfoten. Der Tänzer war gerührt und streichelte den großen Kopf. Dann schlief er im Sessel ein und wurde erst wach, als die Sonne hell ins Zimmer schien.

Truman Capote saß in einem Morgenmantel aus weinroter Seide verkatert und misslaunig am Tisch und trank Kaffee. Zu seinen Füßen lag der unförmige Hund und knabberte an einem Muffin. »Guten Morgen«, sagte Capote, »ich habe dir angesehen, was du geträumt hast.«

Nurejew lachte, stand auf und reckte sich. »Dann erzähl es mir«, sagte er, »ich habe es nämlich schon wieder vergessen, aber ich weiß noch, dass es etwas Angenehmes war.«

Er setzte sich an den Tisch und zeigte auf den Hund.

»Seit wann hast du dieses hübsche Tier?«

»Ich?«, sagte Capote und verschluckte sich fast. »Das ist doch dein Hund.«

»Mein Hund?«

»Ja, mir gehört er jedenfalls nicht.« Der Schriftsteller sah den Hund geradezu angewidert an. »Fett und hässlich bin ich selbst«, sagte er, »da brauche ich nicht noch einen fetten, hässlichen Hund.«

»Streckfus«, sagte Nurejew leicht verärgert, denn Streckfus war der eigentliche Name des Schriftstellers, »Streckfus, veralber mich nicht. Als ich gestern Abend zu deiner Party kam, lagst du mit diesem Hund schon auf dem Boden. Ihr habt zusammen aus der Schüssel da gesoffen.«

Truman Capote wischte sich angewidert mit der Serviette den Mund ab und sah sehr entsetzt aus. »Was habe ich?«, sagte er, und dann, müde, melancholisch: »Na ja. Kann schon sein. Ich bin in letzter Zeit etwas exzentrisch.«

»In letzter Zeit«, lachte Nurejew, und er zitierte, was der deutsche Schriftsteller Heinrich Böll über Capote gesagt hatte: »In der Welt Truman Capotes ist nur Platz für Kinder, Asoziale, Irre, doch wer den Ritterschlag erhalten will, muss mindestens der leichten Spinnerei verdächtig oder Großmutter sein.«

»Böll?«, fragte Capote. »Was weiß denn der. Aber immerhin hat er nichts von Hunden gesagt.«

Rudolf Nurejew fragte: »Wie heißt der Hund?«

»Wie soll ich das wissen«, sagte Truman Capote, »es ist doch dein Hund. Und du hast ihn mir nicht vorgestellt.«

»Es ist nicht mein Hund«, sagte Nurejew. »Er war hier, als ich kam.«

Capote dachte nach und kratzte sich an seinem kugelrunden, in jungen Jahren so schön gewesenen Kopf. »Wer hat das Biest denn mitgebracht und dann einfach hiergelassen?«, fragte er. Nurejew zuckte die Achseln. »Wen hast du denn alles eingeladen?«, fragte er, und Capote seufzte: »Wenn ich das wüsste ... einer, den man einlädt, bringt ja immer drei mit, die man nicht kennt.«

»Aber es lässt doch niemand einfach einen Hund da.«

»Anscheinend doch.«

»Hattest du nicht früher auch Hunde?«, fragte Rudolf Nurejew, und Capote sah traurig in die Ferne. »Möpse«, sagte er, »zwei wunderbare Möpse, sie hießen Maggie und Charlie. Ich habe sie über alles geliebt.«

»Na, siehst du«, sagte Nurejew.

»Was sehe ich?«, funkelte Truman Capote böse. »Ich sehe gar nichts. Ich sehe einen Hund, der so scheußlich ist wie ich und den ich nicht kenne.«

Nurejew beugte sich zu dem Hund und fragte auf Russisch: »Kak savusch?« Wie heißt du?

Der Hund kam zu ihm geschlurft, legte seinen Kopf in Nurejews Hand, seufzte tief und plumpste dann auf die Füße des Tänzers, wo er unverzüglich einschlief.

»Da haben wir es«, triumphierte Truman Capote, »natürlich ist es dein Hund, das sieht man doch.«

»Er ist träge«, sagte Nurejew, »das gefällt mir. Er ist ein Oblomow.«

»Er ist scheußlich«, sagte Capote, »nimm ihn mit, deinen Hund, ich will ihn nicht. Er riecht streng, und er schmatzt.«

Rudolf Nurejew konnte noch so oft versichern, dass es nicht sein Hund war – es half nichts. Als er am späten Vormittag und nach einem üppigen Frühstück den Schriftsteller verließ, trabte der Hund einfach hinter ihm her auf den Flur und ins Treppenhaus, und dann fuhr er mit ihm im Fahrstuhl nach unten. Oben schloss Capote dreimal die Wohnungstür hinter den beiden zu.

Das war im Frühjahr 1984. Zu dieser Zeit hatte Truman Capote noch ein halbes Jahr zu leben, Rudolf Nurejew noch achteinhalb Jahre und Oblomow, der Hund, noch ganze fünfzehn Jahre. Bis zu Nurejews Tod wohnte er bei ihm, mal in New York, mal in Paris, und wenn der Tänzer unterwegs war, sorgten Freunde für das plumpe, freundliche, träge Tier, das meistens auf einem Brokatkissen lag und schlief. Wenn Nurejew zu Hause war, begleitete Oblomow seinen Herrn natürlich überallhin, vor allem zum täglichen Training in den Ballettsaal mit den riesigen Spiegeln, dem glatten Boden und der *barre*. Dort lag dann das Brokatkissen neben dem Klavier, und wenn Monsieur Valentin spielte und Rudolf Nurejew sich an der Stange bog und drehte oder mit seinen Schülern oder dem Corps de Ballet der Pariser Oper neue Tanzschritte erprobte, lag Oblomow schläfrig auf seinem Lager, schaute durch fast geschlossene Augen dem Treiben zu und seufzte ab und zu tief. Er verstand inzwischen viel vom Tanz, wenn er auch nicht recht begriff, weshalb Lebewesen sich der Tortur unterzogen, mit beiden Beinen gleichzeitig in der Luft zu sein und dabei noch die Arme graziös emporzurecken, *ailes de pigeon, en avant et en arrière*. Wozu das alles? Der Boden erbebte leicht, und Oblomow spürte den Rhythmus des Klaviers und der tanzenden Füße und nahm ihn zufrieden grunzend in sich auf.

Un, deux, trois, allez! Nurejew sprang in die Luft, die Beine fest und gerade aneinandergeschmiegt, die Arme gestreckt, *assemblé soutenu,* und seine Partnerin kam ihm in einem *grand jeté en tournant* entgegengeflogen, der rechte Fuß stand auf der Spitze, der linke war mit 90 Grad nach hinten gestreckt, die Arme schienen Flügel zu sein, und Oblomow spürte tief in seinem Inneren unter dem dreifarbigen Fell, was Sehnsucht ist, was Romantik und Schönheit. Es machte ihn glücklich. Nachts träumte er mitunter von acht Ballerinen in aprikosenfarbenen Tutus, die gemeinsam *pas emboités* tanzten, eine Serie voreinandergeschachtelter Schritte in die jeweils fünfte Position, o ja, Oblomow kannte sich aus, er hatte schon viel gesehen und konnte einen *entrechat quatre* durchaus von einem *entrechat* six unterscheiden, bei dem die gestreckten Füße dreimal statt nur zweimal beim Sprung in der Luft gekreuzt werden.

Was er hier sah und erlebte, war etwas anderes als das, was er in seinem früheren Leben, von dem niemand etwas wusste, gesehen hatte. Bei zwei jungen Männern hatte er gelebt, die abends Frauenkleider anzogen, mächtige Perücken aufsetzten und ihn in eine verrauchte Bar mitnahmen, wo sie vor anderen Männern scheußliche Lieder sangen. Oblomow hatte damals noch Garçon geheißen, denn wenn die beiden jungen Männer eine ihrer zahlreichen Partys gaben, hatten sie ihm eine Fliege umgebunden und ihn als Hausdiener vorgestellt. Oblomow hatte das keineswegs amüsant gefunden, er hatte es sogar, ehrlich gesagt, abscheulich und unter seiner Würde gefunden, den Hausdiener geben zu müssen. Bei Rudolf Nurejew, das spürte er sofort, war er in eine ganz andere Umgebung geraten, die Kultur und Schönheit bedeutete, auch wenn es ebenfalls oft rauschende Partynächte gab. Die beiden jungen Männer hatten ihn damals einfach bei Truman Capote zurückgelassen, oder vielleicht war er auch nur eingeschlafen und hatte nicht gemerkt, dass sie gingen – so genau konnte er sich nicht mehr erinnern.

Das Leben bei seinem neuen Herrn gefiel Oblomow ungemein, und er liebte es, Nurejew zuzusehen, wenn auch dessen Sprungkraft nicht mehr so groß war wie in den früheren Jahren. Oblomow, der seine ideale Balance nur durch maximale Trägheit erreichte, konnte sich nicht sattsehen an den kraftvollen Sprüngen, die Schwerelosigkeit des Tänzers schien ihm ein Wunder, und wenn sein Herr die Position *écarté de face* einnahm, schräg gegenüber von Oblomow in seiner Ecke beim Klavier, dann vibrierte sein Herz vor Liebe, und die Augen wurden ihm feucht. Denn es erfüllten sich ihm Träume und Ahnungen und Vorstellungen von großer, erhebender Kunst, die schon immer in ihm geschlummert hatten.

Aber Rudolf Nurejew litt an einer Krankheit zum Tode. Als er immer schwächer wurde, wich Oblomow nicht von seinem Lager. Viele Stunden lag Nurejew im Halbdunkel auf seinem Diwan, neben ihm auf dem Brokatkissen Oblomow, und Nurejew erzählte von seiner Kindheit in Ufa, der verbotenen Stadt, von seiner Mutter, von seinen ersten Tanzversuchen vor verletzten russischen Soldaten, barfuß, auf Asphalt. Oblomow hörte zu und traute sich kaum zu atmen, so lieblich klangen ihm diese leisen russischen Geschichten. Freunde des Tänzers kamen und versorgten ihn, denn trotz seines Kummers nahm sein Appetit nicht ab, und er mochte das Haus nur noch für das Allernötigste verlassen. Und als Nurejew gestorben war, fand man den trauernden Hund auf einem der Orientteppiche nahe dem Bett mit den vielen Seidenkissen. Er hatte die dicken Pfoten dicht vor die entzündeten Augen gelegt, so als wolle er nicht zeigen, dass er geweint hatte.

Natürlich hatte Nurejew von seinem Liebling Abschied genommen, ehe er ins American Hospital verlegt wurde, wo er im Januar 1993 starb, und natürlich hatte er für ihn gesorgt und sich einen Menschen ausgesucht, der sich nach seinem Tod um das Tier kümmern sollte. Dieser Mensch war Olga Piroshkowa, eine Ballerina, die nie in der ersten Reihe getanzt hatte, aber ein Leben lang ein dem Tanz treu ergebenes Mitglied zuerst der Leningrader, dann der Pariser Oper gewesen war. Sie bewunderte Nurejew. Sie betete ihn an. Und sie kochte ihm, als er krank war, täglich kräftige Suppen, die sie ihm in einem blausilbernen Warmhaltetopf brachte. Sie fütterte ihn teelöffelweise mit der guten Rindfleisch- oder Hühnerbrühe – das Fleisch bekam Oblomow –, und wenn Nurejew erschöpft einschlief, hüllte sich die Piroshkowa in ihren großen schwarzen Samtschal mit den langen Fransen über ihrem tiefroten Wollmantel und ging mit Oblomow die kastanienbewachsene Allee entlang, bis der Hund sich entleert hatte und an der Leine zog, weil er wieder nach Hause zu seinem Herrn und den weichen Teppichen wollte.

Und oft erzählte sie ihm dann von dem wilden, ungebärdigen Tatarenjungen aus Ufa, der sich in den Westen abgesetzt, aber immer an seine Kollegen vom Leningrader Ballett gedacht hatte. Auch für sie hatte er eines Tages eine Ausreisegenehmigung erwirkt, nie würde sie ihm das vergessen. »Er ist ein guter Mensch«, flüsterte sie, »auch wenn man das manchmal nicht sieht. Ich weiß es. Wer so schön ist, muss gut sein.« Und Oblomow seufzte vor tiefstem Einverständnis.

Olga Piroshkowa also legte der sterbende Nurejew seinen Hund ans russisch-besorgte Herz. Er hatte in seinem Testament vermerkt, dass der alte Gläserschrank mit den kostbaren Biedermeiergläsern sowie zwei usbekische, sehr wertvolle Teppiche, die Sammlung seltener Schallplatten und eine größere Summe Bargeld in den Besitz der Piroshkowa übergehen sollten, verbunden mit der Bitte, sich um Oblomow bis zu dessen letztem Atemzug liebevoll zu kümmern.

Die Piroshkowa nahm das Erbe dankbar an. Sie erwirkte, dass Oblomow, der einzige Hinterbliebene aus Nurejews unmittelbarer Umgebung, während der Trauerzeremonie mit in die Kirche durfte, und er lag stumm, nur hin und wieder tief seufzend, zu ihren Füßen und störte niemanden. Im Gegenteil, viele der aus aller Welt angereisten Tänzer, Regisseure, Dirigenten, Choreografen, viele der Künstler und Journalisten und der Bewunderer, Fans und Freunde streichelten über Oblomows großen Kopf und sagten leise: »Ach, du armer Hund!«, oder: »Nun bist du ganz allein!«

Auch die beiden jungen Männer, zu denen er einmal gehört hatte, waren gekommen. Sie trugen auffällige Samtjacken und übertriebene Spitzenjabots, aber wenigstens keine Frauenkleider, und sie sangen auch nicht. Sie weinten. Sie erkannten nicht einmal ihren Hund, der nun auch neun Jahre älter und erheblich korpulenter geworden war, und

Oblomow hütete sich, sich zu erkennen zu geben und sie gar schwanzwedelnd zu begrüßen. Er sehnte sich nicht danach, wieder in zugigen Kneipen auf der Bühne zu liegen und unsägliche Lieder zu hören, er sehnte sich nach einem ruhigen, stillen Lebensabend bei Olga Piroshkowa. Und trotzdem dachte er mit einem Anflug von Bitterkeit: »Was für miese Burschen! Lassen mich einfach bei einem betrunkenen Schriftsteller zurück und kennen mich später nicht einmal mehr. Dabei habe ich in ihrem Bett geschlafen.«

Aber dann gab er doch insgeheim zu, dass er nicht ganz unschuldig war – er hatte sich damals zusammen mit Truman Capote durchaus am Champagner betrunken und nicht einmal gemerkt, dass seine beiden sonderbaren Herrchen in Frauenkleidern ohne ihn aufgebrochen waren. Nun ja. Er kuschelte sich an die Piroshkowa, steckte seinen Kopf zwischen die Pfoten und lauschte den bewegenden Reden und der Musik von Dmitri Schostakowitsch.

Er war kein armer Hund, und er war keineswegs ganz allein auf der Welt. Er hatte ja die Piroshkowa, in deren Appartement am Bois de Boulogne er nun einzog. Seine mit rotem Samt eingefassten Decken, sein schwarzes thailändisches Körbchen, sein Brokatkissen, sein weiches Halsband aus Kalbsleder, das ihm Bianca Jagger einmal geschenkt hatte, seine Fress- und Wassernäpfe aus bestem Sèvresporzellan mit leuchtendem Blumendekor von Falconet, ein Geschenk von Andy Warhol, der ihm besonders gefallen hatte und von dem er sich sogar einmal fotografieren ließ, das alles kam mit und vermittelte ihm ein Gefühl von Heimat in seiner tiefen Traurigkeit. Olga Piroshkowa liebte den Hund, wie sie Nurejew geliebt hatte. Sie versorgte ihn gut, ließ ihn vor ihrem Bett schlafen, und wenn sie die wunderbaren alten Schallplatten mit den Divertissements von Rameau, Gluck oder Gounod auflegte, zu denen Rudolf Nurejew so oft getanzt hatte, dann hatten sie beide Tränen in den Augen. Dann und wann ging Olga Piroshkowa in den Trainingssaal der Oper und übte mit den Ballett-Elevinnen. Dann lag Oblomow wieder neben dem Klavier bei Monsieur Valentin, sah zu, hörte zu, spürte den Fußboden beben, und ein namenloses Sehnen zog durch seine Brust und brach manchmal in einem kurzen, markerschütternden Geheul aus ihm heraus, das alle Tänzer erstarren ließ. Auch Monsieur Valentin hielt dann inne, nahm die langen weißen Hände von den Tasten, bückte sich, kraulte Oblomow hinter den Ohren und sagte: »Ah, mon pauvre petit chien, il n'est pas disparu, il est toujours entre nous« – Mein Armer, er ist nicht wirklich weg, er ist immer hier bei uns –, und Oblomow spürte, dass daran etwas Wahres war.

Die Piroshkowa lebte ein zurückgezogenes Leben. Sie war über sechzig, ihre besten Jahre waren längst vorbei, und sie hatte ohnehin nie so ausschweifend gelebt, solche opulenten Feste gefeiert, Bankette gegeben, so viele Freunde so großzügig bewirtet, wie das bei Rudolf Nurejew der Fall gewesen war. Ihr Leben war leise, diszipliniert, ein kleines Ritual, aber Oblomow, auch in die Jahre gekommen, fühlte sich, wenn er ganz ehrlich war, dabei wohler als bei den lauten, wilden Gelagen damals in Nurejews Wohnung, bei denen ihm schöne junge Männer Champagner in seinen Trinknapf gegossen und ihn mit Kaviarbrötchen gefüttert hatten.

Zu Olga Piroshkowa kam die große Welt nicht. Aber zu ihr kamen junge und alte Exilrussen, Tänzer, Schriftsteller, ein Maler, eine Pianistin. Dann wurde diskutiert, Musik gehört, es gab ein kleines Essen, man lachte und weinte, sprach ausschließlich Russisch, was Oblomow sehr gut verstand, es klang ihm immer als die schönste Sprache von allen, ja, fast wie Musik, und er fühlte sich in dieser Gesellschaft sehr wohl. Ein alter Schriftsteller schaute ihn einmal an, streichelte ihn und sagte: »Ich sehe dir an, dass du alles verstehst.« Und Oblomow dachte an Truman Capote, der zu Nurejew gesagt hatte: »Ich habe dir angesehen, was du geträumt hast.« Oblomow hatte es auch gesehen: Nurejew hatte von seiner Mutter geträumt, die er in Ufa zurückgelassen und die er sehr geliebt hatte. Jahre später schrieb der Schriftsteller eine Geschichte über einen Hund, der Russisch verstand. Sie erschien in einem kleinen Exilverlag, aber man weiß nicht, ob sie außer dem Verleger, der auch der Lektor war, je irgendein Mensch gelesen hat.

Oblomow wollte jetzt, da er alt wurde, seine Ruhe haben, und die hatte er bei der Piroshkowa, die zeitig zu Bett ging. Aber er konnte nicht besonders gut und lange schlafen, weil ihm zu viele Geschichten durch den dicken Kopf gingen. Darum wurden ihm die Nächte doch manchmal etwas lang, und er schlurfte durch die nur angelehnte Tür auf den kleinen Balkon und sah nachts um halb drei durch das Gitter der Veranda hinunter auf die stille Straße vorm Bois de Boulogne. Und eines Nachts ertappte er sich zu seinem Erstaunen dabei, wie er plötzlich die Vorderpfoten zierlich kreuzte und einen kleinen Sprung wagte – fast eine *révoltade,* eine äußerst komplizierte Variation aus Spielbein und Sprungbein. Er schnaufte heftig. Langsam hob er seinen Hinterleib und stellte sich auf die Spitzen der Hinterpfoten – ein beinahe perfektes *relevé* war ihm da gelungen, und er legte noch einen Schritt drauf, einen ganz kleinen, eigentlich nur angedeuteten *frappé*, ein leichtes Fersenanschlagen, Spielbein gegen Standbein. Dann stand er verwundert still und horchte in sich hinein. Was war denn das? Konnte er, wollte er etwa tanzen, in seinem Alter, bei seiner Leibesfülle? Trieb ihn Sehnsucht nach seinem Herrn, Erinnerung, oder hatte er ästhetische Bedürfnisse? Er wusste es nicht. Er wusste nur, dass es ihn reizte, auszuprobieren, was er so oft gesehen, wovon er so oft geträumt hatte. *Jeté! Plié!* Oblomow fügte, wie er es tausendmal beobachtet hatte, eine kleine Serie *demi-pliés* an, um die Muskeln zu lockern und die Balance zu halten, und dann wagte er sich an die erste Position: die Füße werden nach außen gedreht, Fersen aneinander, und so muss es eine gerade Linie sein. Oblomow gelang das perfekt. Die zweite Position – beide Füße in gerader Linie mit einem Schrittabstand zwischen den Fersen – machte ihm auch keinerlei Mühe. Sein Herz klopfte, er war sehr aufgeregt und bereute, nicht schon früher mal einige Tanzschritte erprobt zu haben. Aber er kam rasch außer Atem und beschloss, es nicht zu übertreiben und weitere Positionen in der nächsten Nacht zu versuchen. Er atmete die würzige Nachtluft tief ein und trollte sich wieder auf seine Decke, ließ sich schwer fallen und sank in einen Traum, in dem dralle böhmische Mädchen zu Musik von Dvořák erotische Tänze tanzten.

Am nächsten Tag wunderte sich Olga Piroshkowa darüber, dass der Hund gleichermaßen erschöpft und nervös wirkte. Er schnaufte schwer beim Treppensteigen, er mochte nicht spazieren gehen, aber in der Wohnung lief er unruhig auf und ab, und es schien ihr, als setzte er die Pfoten anders als sonst – nicht so breitbeinig, sondern zierlicher, als würde das schwere Tier versuchen, leichter zu gehen, und sie war beunruhigt und doch auch sehr gerührt. Sie beschloss, Oblomow im Auge zu behalten.

In der Nacht erhob er sich wieder von seinem Lager und ging mit kratzenden Schritten über das Parkett auf den Balkon. Die Piroshkowa hatte meistens einen leichten Schlaf. Sie war zudem von ein paar Sorgen belastet, denn sie hatte eine südindische Tanztruppe nach Paris eingeladen und war sich nicht sicher, ob die Pariser wirklich die religiösen Tanzdramen der Brahmanen sehen wollten und ob sich das ganze Unternehmen rentieren würde. Sie erwachte und sah, wie Oblomow auf den Balkon schlich. Wie erstaunte sie, als der Hund plötzlich, den Kopf zur Stabilisierung des Gleichgewichts gegen das Gitter gepresst, die beiden Vorderpfoten in die dritte Position stellte – parallel in entgegengesetzte Richtungen zeigend, die Fersen aneinandergeschmiegt. Natürlich konnte das ein Zufall sein, eine seltsame Haltung, unwillkürlich eingenommen, aber auch die vierte Position stimmte, und dann die komplizierte fünfte, aus der heraus der Hund plötzlich mit völlig unvermuteter Leichtigkeit in die Höhe sprang und *assemblé simple* versuchte. Dann stand er still. Olga Piroshkowa hielt den Atem an und hörte ihn schwer schnaufen. Oblomow blickte lange hinab auf die Straße, und dann versuchte er, sich auf die Hinterpfoten zu stellen und die Vorderpfoten *en haut* über den Kopf zu halten, so graziös wie möglich, aber er hielt das nicht lange durch und stand bald wieder auf allen vieren. Sie war bis ins Herz gerührt. Es bestand für sie kein Zweifel: Nurejews

Hund übte heimlich Tanzschritte, und sie konnte es kaum fassen. Wie sollte sie sich verhalten? Sollte sie das Tier loben, ihm zeigen, dass sie sein Geheimnis kannte, oder sollte sie still das Schauspiel genießen und sich gar nicht anmerken lassen, dass sie etwas wusste? Sie entschied sich zunächst für Letzteres, konnte aber lange nicht einschlafen vor Aufregung und konnte es sich nicht versagen, wie zufällig ihre Hand aus dem Bett hängen und über Oblomows Kopf gleiten zu lassen, sanft, lobend, als der schwer atmende Hund längst wieder auf seiner Decke vor ihrem Bett lag und träumte, dass in schöne Trachten gekleidete Männer kraftvoll den Gopak, einen aus der Ukraine stammenden Nationaltanz im Zweivierteltakt, tanzten.

Die Piroshkowa beobachtete die nächtlichen Versuche Oblomows, elegante Tanzschritte zu wagen, nun öfter. Er machte Fortschritte. Sie hätte gern ab und zu eingegriffen und ein wenig geholfen, korrigiert, gefordert und gefördert, aber sie hütete sich davor, denn sie fürchtete, das Tier würde erschrocken darauf reagieren und nie mehr tanzen, wenn es sich entdeckt und beobachtet fühlte. Aber es drängte sie natürlich, ihre unerhörte Beobachtung mitzuteilen: Nurejews Hund tanzt! Was für eine Sensation! Sie dachte sogar daran, Fotos davon an alle großen Blätter zu verkaufen, eine Titelgeschichte in den Tanzjournalen wäre das allemal wert, und sie könnte es sich teuer bezahlen lassen – allzu üppig war das Konto der Piroshkowa nicht, auch Nurejews Geld schmolz dahin. Sie würde ja alle Einnahmen durchaus mit Oblomow teilen, ihm eine neue Kaschmirdecke kaufen, das beste Fleisch für ihn kochen, Basmatireis als Beilage reichen statt des einfachen amerikanischen Langkornreises. Dennoch sprach sie mit niemandem, auch nicht mit Oblomow.

Es fiel ihr schwer, den russischen Freunden nichts davon zu erzählen. Sie war so stolz auf Oblomow! Und sie malte sich aus, wie die Freunde ihr nicht glauben würden, wie sie Oblomow dann bitten und wie er für sie tanzen würde – welche Freude hätten sie daran! Und sie träumte davon, mit Oblomow zu reisen, sie sah Plakate an den großen Häusern dieser Welt: »Heute Abend: Nurejews Hund tanzt!« Vielleicht würde sie sogar in Leningrad, ihrer Heimat, mit ihm auftreten können, das jetzt endlich wieder St. Petersburg heißen durfte. Ja, sie würde eine Choreographie entwickeln für diesen tanzenden Hund, nein, noch besser: für einen alten Hund und eine alte Tänzerin, *La belle et la bête*, und gemeinsam würde man auf der Bühne stehen und ... so träumte sie. Aber sie ließ es bei den Träumen, sie erzählte nichts. Doch einmal lud sie die Pianistin, mit der sie befreundet war, allein zu einem späten Abendessen ein und bat sie, auch ihren Fotoapparat mitzubringen – es gäbe vielleicht eine Überraschung. Die Pianistin kam, man aß und trank, hörte Milhauds *L'homme et son désir* und hatte einen schönen Abend miteinander. Der Mond schien über dem Bois de Boulogne, und auf dem Balkon lag Oblomow, die Schnauze ans Gitter gedrückt, und sah hinab auf die abendlich belebte Straße oder döste. »Was ist mit der Überraschung?«, fragte die Pianistin kurz vorm Aufbrechen, und Olga Piroshkowa hob bedauernd die schönen Hände, lächelte und sagte: »Es hat leider nicht geklappt. Vielleicht ein andermal, bis dahin darf ich dir nichts verraten.« Die beiden Frauen küssten sich auf die Wangen, verabschiedeten sich, und während Olga Piroshkowa die Gläser und Teller und die leere Weinflasche in die kleine Küche räumte, sah sie immer wieder zu Oblomow, der auf dem Balkon lag und sich nicht rührte. Es war ein milder Sommerabend. Olga führte den Hund noch einmal aus, dann legten sich beide zum Schlafen nieder.

In dieser Nacht geschah nichts, und in der nächsten Nacht lag ein kleiner Fotoapparat in Olga Piroshkowas Reichweite neben dem Kopfkissen. Wenn Oblomow wieder tanzte, würde sie versuchen, ein Foto davon zu machen.

Und wirklich, gegen vier Uhr, als es bereits hell wurde und die ersten Vögel zwitscherten, stand das große, unförmige Tier draußen am Balkongitter und übte eine kleine *arabesque* mit weit zurückgestrecktem linkem Hinterbein. Olga Piroshkowa nahm vorsichtig den Fotoapparat auf und schaute durch die Linse. In diesem Moment drehte der Hund sich um und sah sie mit einem so traurigen Ausdruck an, dass sie das Gefühl hatte, ihn verraten zu haben wie Orpheus seine Eurydike, als er sie aus der Unterwelt befreite und dann für immer durch seine Neugier verlor. Der Hund stand da, sah sie an, sie ließ den Fotoapparat sinken, flüsterte: »Pardon, mon cher!«, und Oblomow trottete ins Zimmer und legte sich, weit entfernt von ihrem Bett, auf den kleinen usbekischen Teppich unter ihrem Schreibsekretär.

In dieser Nacht schliefen sie beide schlecht. Die Piroshkowa träumte von einem totalen Desaster mit der südindischen Tanztruppe, die in Wahrheit zwei Wochen später einen großen Erfolg haben und der Piroshkowa einiges Geld einbringen sollte, und Oblomow träumte von Männern mit

Dolchen, die im wilden Sechsachteltakt die Lesginka aus Daghestan tanzten.

In den nächsten Tagen gingen beide äußerst vorsichtig miteinander um, die alternde Ballerina und der Hund des weltberühmten toten Tänzers. Sie wusste nicht, ob sie das nächtliche Geschehen ansprechen sollte, er wusste nicht, ob sie ihn wirklich durchschaut und beobachtet hatte. Er tanzte einige Tage nicht oder nur dann, wenn er fest davon überzeugt war, dass Olga Piroshkowa tief schlief, er hörte es an ihrem Atem. Dann übte er schwierige Sprünge und entzückende kleine Pirouetten, landete aber immer plump auf allen vier Pfoten statt auf zweien oder gar auf nur einer.

Am 17. März 1998 wäre Rudolf Gametowitsch Nurejew sechzig Jahre alt geworden. Oblomow lebte nun schon fünf Jahre bei Olga Piroshkowa, und er fühlte sich immer öfter alt und müde. Aber immer noch übte er ab und zu Tanzschritte, und er hatte das Gefühl, seine Gelenke blieben dadurch gesund und sein Herz jung. An diesem Tag im Frühling, es war schon warm, die Forsythien blühten, schmuggelte die Piroshkowa Oblomow auf den russischen Friedhof von Sainte-Geneviève-de-Bois zum Grab Nurejews, wo Hunde natürlich verboten sind. Sie hatte einen großen Strauß weißer Rosen dabei und legte ihn auf dem Grab ab. Lange stand sie still da, mit gefalteten Händen, und Oblomow lag neben ihr, den schweren Kopf auf den Pfoten, schaute auf das Grab und träumte.

Weit und breit war kein Mensch zu sehen. Da beugte sich Olga Piroshkowa zu ihm hinunter, streichelte ihn sanft und flüsterte: »Mily Oblomow, ty potjesch pupliaschy tolka dlia jewo«, Oblomow, mein Lieber – tanz einmal. Nur für ihn.

Zum ersten Mal hatte sie mit ihm russisch und nicht französisch gesprochen! Er war tief gerührt.

Oblomows Nase zitterte, seine Flanken bebten. Er verstand genau, was sie meinte. Er sollte sein Geheimnis offenbaren, mit ihr teilen, einmal tanzen, für Nurejew, seinen früheren Herrn, der hier lag und den sie beide geliebt hatten. Der Hund erhob sich langsam, schüttelte sich, verharrte. Er hob seinen Kopf und sah zu Olga Piroshkowa hoch, die ihn sanft anlächelte. Sie würde ihn nicht verraten, das wusste er. Und er ging ein wenig zurück, nahm einen kleinen Anlauf, und dann legte Oblomow, der schwere, nun fast sechzehnjährige Hund des weltberühmten Tänzers Rudolf Nurejew, eine tadellose *cabriole* mit geschlossenen Hinterbeinen, hochgestreckten Vorderbeinen, einen Flug über das Grab mit tadelloser Landung auf dem zitternden Standbein hin. Er landete mitten in den weißen Rosen. Und die Piroshkowa sah ihn an, hatte Tränen in den Augen und flüsterte: »Une cabriole, merveilleux, wie stolz wäre er auf dich, mon cher.«

Und dann gingen sie heim, beschwingt, glücklich, einander tief verbunden, und auf dem Treppenabsatz vor der Tür zu ihrem Appartement leistete sich Oblomow einen völlig überraschenden *soubresaut,* einen komplizierten Senkrechtsprung aus der fünften Position mit perfekter Landung. Danach hat Oblomow bis ans Ende seines Hundelebens nie wieder getanzt, und die Piroshkowa hat nie ein Wort über ihr gemeinsames Geheimnis verloren, kein französisches und kein russisches.

Als der Hund mit fast siebzehn Jahren die Augen für immer schloss, ging die Piroshkowa mit der in eine Kaschmirdecke gewickelten Hundeleiche des Nachts auf den Friedhof, auf dem auch Nurejew lag.

Ein junger Mann vom Ballett begleitete sie, der eine Schaufel trug. Er grub zu Füßen Nurejews ein tiefes Loch in das Grab. Die Piroshkowa, den schweren Oblomow auf ihren dünnen Ärmchen, schauderte. Sie hatte Angst, dass ihr toter Freund »Au!« oder »Was tut ihr da?« rufen würde, doch nichts geschah. Alles blieb still, der Mond schien sehr friedlich, und der junge Mann und die Piroshkowa legten den toten Hund zu Füßen des toten Tänzers vorsichtig in das Grab. Der junge Mann schaufelte das Loch wieder zu, und sie verließen den Friedhof.

Das Grab ist natürlich eine Art Wallfahrtsstätte für Tanzenthusiasten aus aller Welt geworden. Sie wissen nicht, dass sie mit ihrem Besuch dort zwei großen Tanzlegenden huldigen, dem unvergleichlichen Nurejew und Oblomow, seinem Hund.

KURT STEINKRAUSS

Mein treuer Wegjefährte

Mein treuer Wegjefährte
Du bist so' n Stückchen Himmelreich,
und Deine Ooren sind zwee Sterne!
Du machst det Herz mir teechlich weich!
Ick sah Dir, und ick wusste gleich:
Nur Dir alleene hab ick jerne!
Wenn Du mit Deine Oon winkst,
und Deine Neese glänzt wie Seide,
Und wenn de mir een Ständchen bringst
und mir Dein Hundeliedchen singst,
Denn is der janze Tach voll Freude!
Det Tierheim war mal Dein Zuhaus!
Jetzt lebste bei mir janz vagnüchlich!
Wir beede loofen teechlich 'raus
und toben uns so richtig aus. –
Mensch, Du und ick, wat sind wir glücklich!
Een Dasein ohne Dir, mein Freund,
det könnt' ick janich mehr ertraaren!
Du fühlst jenauso, wie mir scheint
und willst ooch, det wir vereint
Einst fröhlich in den Himmel fahren! ...

CLEMENS MEYER

Von Hunden und Pferden

Es begann damit, dass sein Hund plötzlich anfing zu humpeln und dann ganz stehen blieb. Es war ein ziemlich großer Hund, ein Rottweiler-Dobermann-Mischling, fünfundvierzig Kilo, und in den sechs Jahren, die Rolf mit ihm zusammenwohnte, hatte der Hund noch nie gehumpelt und war auch noch nie einfach so stehen geblieben. Er war mit ihm in den Bergen gewesen und am Meer, machte jeden Tag lange Spaziergänge mit ihm, und wenn der Hund rannte, bewegten sich seine langen Ohren auf und ab.

»Piet«, sagte Rolf, »was ist denn los, mein Junge, so alt bist du doch noch nicht.« Piet stand mitten auf dem Weg, die Hinterläufe weit auseinander, wie breitbeinig stand er da und blickte ihn mit dunklen Augen an. Er zog an der Leine, aber der Hund rührte sich nicht. Er hockte sich vor ihn und streichelte ihm über den Kopf. »Was ist denn, mein Junge, was hast du denn, ruhen wir uns eben kurz aus. Gleich kannst du weiter, nicht wahr, Piet?«

Er hatte seinen Hund Piet genannt, wegen Pete Sampras, dem Tennisspieler, hatte den Namen aber mit »ie« in den Hundepass eingetragen, um die ganze Sache ein wenig zu verschlüsseln. Eigentlich war Rolf gar kein Tennisfan, aber er hatte Pete Sampras ein paarmal im Fernsehen bei irgendwelchen Turnieren gesehen, und diese Eleganz und scheinbare Leichtigkeit, mit der er seine Gegner ausspielte, hatten ihn beeindruckt.

Und jetzt stand Piet vor ihm und wollte nicht weiter und hielt den Kopf gesenkt. Es waren noch ein, zwei Kilometer vom Park bis nach Hause, und tragen konnte er ihn nicht. Er hatte ihn aus Spaß manchmal angehoben und ein Stück durch die Wohnung geschleppt, aber der Hund hatte gezappelt, und schon nach wenigen Metern tat ihm das Kreuz weh.

Er zog wieder kurz an der Leine und sagte: »Na komm, nach Hause, kriegst was Feines, wenn wir zu Hause sind.« Und der Hund ging ein paar Schritte, seine Hinterläufe waren seltsam nach innen geknickt, und er humpelte ein wenig, aber er lief. Sie gingen sehr langsam nach Hause, und manchmal blieb Piet wieder stehen, und dann streichelte er ihn und wartete so lange, bis er wieder weiterkonnte. Sie wohnten im Erdgeschoss, Hochparterre, und der Hund tat sich schwer, die paar Stufen bis zur Wohnungstür hochzusteigen, dabei war er am Morgen, als sie von der ersten Runde des Tages kamen, kaum zu halten gewesen, weil er wusste, dass es drinnen Fressen gab.

Er schloss die Wohnungstür auf, und Piet ging sofort in seine Ecke und legte sich hin. »Verdammt noch mal«, sagte er, »was hast du nur, mein Junge, du wirst mir doch nicht ...« Er setzte sich in den Sessel, der direkt vor der Hundematte stand. Hier saß er oft und las Zeitung oder guckte Fernsehen, seinen Hund direkt neben sich. Er brauchte nur die Hand auszustrecken, dann konnte er ihn berühren.

»Du wirst mir doch nicht schlappmachen«, sagte er und legte seine Hand auf Piets Kopf und streichelte ihn hinter den Ohren, »du darfst mir doch nicht schlappmachen.« Er saß in dem Sessel und blickte runter zu Piet, der ganz ruhig lag, nur sein Rücken hob und senkte sich ein wenig. Es war sehr still in der Wohnung, nur der Kühlschrank summte aus der Küche, und er saß da und nahm seine Hand von Piets Kopf, faltete beide Hände und rieb sie immer wieder aneinander. Seit sechs Jahren wohnten sie zusammen, Rolf und Piet, und er konnte sich gar nicht mehr vorstellen, allein in seiner Wohnung zu sitzen, wie vor acht Jahren; als seine Frau gegangen war, nur das Summen des Kühlschranks in der Stille. Er rieb seine Hände aneinander, dann sprang er auf und lief in die Küche. Er holte die große Packung Hundekuchen aus dem Küchenschrank und nahm ein paar raus. Eigentlich reichte das Klappern der Schranktüren, um Piet anzulocken, aber auch als er jetzt die Packung schüttelte, kam er nicht. Er stellte die Packung wieder in den Schrank und stand mit der Handvoll Hundekuchen in der Küche und wartete. Der Kühlschrank summte neben ihm, und weil er das nicht länger ertragen konnte, rief er laut: »Piet, wo bist du denn, mein Junge, ich hab was ganz Feines für dich!« Und dann hörte Rolf ihn. Er hörte das Tappen seiner Schritte im Flur, und dann sah er Piets Kopf neben dem Türrahmen, »Komm, hol dir dein Feines«, und der Hund rannte auf ihn zu, sprang an ihm hoch, und er sagte: »Aber aus, setz dich hin«, und Piet saß vor ihm und streckte ihm eine Pfote entgegen, obwohl er gar nicht »Gib Pfötchen« gesagt hatte, und dann gab er ihm die Hundekuchen, und Piet zerbiss und fraß sie, und er sagte: »Siehst du, mein Junge, wie schön du knusperst, da geht's dir doch gar nicht so schlecht, warst du bestimmt bloß müde vorhin.« Er sah zu, wie Piet die Hundekuchen einen nach dem anderen fraß, und war glücklich.

»Hüftgelenksdysplasie«, sagte der Tierarzt und zeigte auf die Röntgenbilder, aber Rolf konnte nichts weiter drauf erkennen. »Fortgeschrittenes Stadium«, sagte der Arzt, »man müsste operieren. Es gibt da mehrere Möglichkeiten, Goldimplantate, aber mit künstlichen Gelenken, nach der neuesten Methode, kann er sehr alt werden.«

»Vor zwei Tagen ist er noch gerannt.« Piet lag neben ihm, und Rolf hielt seine Hand auf seinem Kopf. Piet hatte furchtbare Angst vorm Arzt, winselte und jaulte im Warteraum und wollte nicht mit in die Behandlungsräume, obwohl er nur einmal im Jahr dort seine Impfung bekam, aber er konnte die Angst der anderen kranken Tiere riechen, und vielleicht auch den Tod.

»Erblich«, sagte der Arzt, »da kann man nichts machen.« Er hatte Piet eine leichte Narkosespritze gegeben, damit sie ihn besser röntgen konnten, und dann ein Kontrastmittel in seine Gelenke gespritzt.

»Die Hunde zeigen's nicht so schnell, wenn sie Schmerzen haben«, sagte der Arzt, »wissen ja nicht, was das ist, wo es herkommt. Erst, wenn's gar nicht mehr geht.«

Piet schlief, und der Arzt und die Schwester wollten ihn auf den Röntgenapparat heben, aber er hatte gesagt: »Nein, ich mach das schon«, und sich hingehockt, seine Arme um ihn gelegt und ihn hochgehoben.

»Mit Schmerzmitteln«, sagte der Arzt, »kann er sicher noch eine Weile ... wenn Sie ihn schonen ...«

»Und dann?« Er hatte seine Hand immer noch auf Piets Kopf. Piet war schon vor einer Weile aus der Narkose aufgewacht, aber er war immer noch ganz schwach und lag neben ihm, und Rolf spürte, wie er atmete.

»Ein, zwei Jahre würde es sicher noch gehen«, sagte der Arzt, »vielleicht länger, irgendwann würde er sich nur noch quälen. Wenn Sie ihn nicht operieren lassen wollen …«

Sie fuhren mit einem Großraumtaxi nach Hause. Ab und an drehte Rolf sich zu ihm um, aber Piet lag hinten und war immer noch ziemlich fertig, obwohl er früher, als Rolf noch ein Auto gehabt hatte und sie zusammen Auto fuhren, die ganze Fahrt über unruhig war und winselte und jaulte.

»Ist doch nichts Ernstes«, sagte der Fahrer.

»Nein, war nur 'ne kleine Routineuntersuchung.« Rolf war seit Jahren nicht mehr Taxi gefahren, konnte es sich eigentlich auch nicht leisten, die Untersuchung und die Tabletten hatten fast sein letztes Geld gekostet. Er hätte seinem Bruder Bescheid sagen können, damit er sie vom Arzt abholte, aber er wollte jetzt nicht mit seinem Bruder sprechen, er würde später noch mit seinem Bruder sprechen müssen, wegen der Operation, aber davor hatte er Angst. Sein Bruder mochte Piet nicht besonders, und Piet mochte auch seinen Bruder nicht besonders. Er knurrte ihn an und fing manchmal an zu bellen, wenn sein Bruder sie besuchte. Aber sein Bruder besuchte sie nicht oft. »Is 'n schöner Hund, den Sie da haben«, sagte der Fahrer.

»Ja, ist er.« Er drehte sich wieder zu Piet um, der jetzt seine Hüften mit seiner langen rosa Zunge ableckte, dort, wo der Arzt das Kontrastmittel eingespritzt hatte. »Is 'n Rottweiler, was?«

»Rottweiler-Dobermann.«

»Wirklich ’n schönes Tier«, sagte der Fahrer und nickte und beobachtete Piet im Rückspiegel. Und auch Rolf blickte in den Rückspiegel und sah den großen Kopf seines Hundes und war sehr stolz.

Rolf spielte seit Jahren Lotto, aber er hatte nur einmal was gewonnen. Über vierhundert Mark mit einem speziellen System, in dem er zehn Zahlen in unterschiedlichen Kombinationen benutzte. Er hatte drei Vierer und fünf Dreier in seinem System gehabt, und die hatten ihm über vierhundert Mark Gewinn gebracht. Wenn er fünf Zahlen richtig getippt hätte (wovon er immer träumte, einen Sechser erwartete er eigentlich nie), wären vielleicht sogar zwei Fünfer in seinem System aufgetaucht, und das hätte richtig Kohle gebracht, aber auch die vierhundert Mark waren damals viel Geld für ihn gewesen, obwohl er da noch Arbeit hatte.

Jetzt spielte er kein System mehr, denn das hatte ihn jedes Wochenende zwanzig Mark Einsatz gekostet, und nach der Währungsänderung und seiner Arbeitslosigkeit waren vierzig Euro im Monat einfach zu viel für ihn.

Er gab jetzt jeden Samstagmittag nur einen Schein mit sechs angekreuzten Zahlen ab, die Vier wegen der vier Buchstaben ihrer Namen, Piet und Rolf, und fünf andere Zahlen, die er ohne besonderen Grund gewählt hatte. Aber er gewann nichts, und er kannte auch keinen, der großes Geld im Lotto gewann.

Und großes Geld brauchte er. Für ihn waren dreitausend Euro großes Geld.

»Wenn’s nicht für die Töle wäre«, hatte sein Bruder zu

ihm gesagt, »dann vielleicht. Aber damit du diesen altersschwachen Hund zusammenflicken kannst ...«

»Piet ist nicht altersschwach.«

»Dreitausend Euro, verdammt noch mal, denkst du, ich schwimme im Geld?«

»Mehr als ich hast du auf jeden Fall. Und verstehst du nicht, das ist doch die neueste Methode, damit kann er steinalt ...«

»Hör zu, Rolf, ich kann nichts dafür, dass du keine Arbeit mehr hast. Und du weißt, dass ich dich damals, als Martha ...«

»Nein«, sagte er, »es geht nicht um sie, es geht um Piet.«

»Verdammt noch mal, wenn er so krank ist, dann lass ihn doch ...«

Er war gegangen, ohne noch etwas zu sagen. Er war durch die Straßen gelaufen und hatte überlegt, wen er noch fragen konnte, wen er überhaupt kannte, der so viel Geld besaß. Dann war er zurück nach Hause gegangen, hatte sich neben Piet auf den Teppich gelegt. Er machte nur noch kurze Spaziergänge mit ihm, und trotz der Tabletten fing Piet manchmal wieder an zu humpeln. Rolf lag neben ihm, eine Hand auf seinem Rücken, spürte, wie er atmete, und sie lagen zusammen, bis es dunkel wurde und er aufstand und das Licht anmachte.

Er ging eine kleine Runde mit Piet, und als der Hund in den Büschen verschwunden war und gekackt hatte, brachte er ihn wieder nach Hause. Auf den Fußwegen in seinem Viertel lag viel Hundescheiße, und er war stolz drauf, dass nicht ein Haufen von Piet war. Er hatte ihm beigebracht, als Piet noch ganz klein war, nur in Büsche und auf Wiesen zu scheißen.

»Bin bald wieder da, mein Junge, pass schön auf hier und sei lieb.«

Piet lag in seiner Ecke und blickte ihn an, immer wenn Rolf aus dem Haus ging, blickte er ihn mit dunklen Augen an, er war nicht gern allein, wie alle Hunde. Wenn Rolf mal länger wegmusste, sagte er seiner alten Nachbarin Bescheid, die mochte Piet und passte gerne auf ihn auf, denn sie war auch allein, und Piet mochte sie. Sie war schon über siebzig, und Rolf hatte Angst, dass sie irgendwann sterben würde, denn er hatte keinen weiter, der sich um Piet kümmerte, wenn er mal wegmusste. Aber jetzt wollte er nur spazieren gehen und nachdenken und vielleicht einen Schluck trinken, dafür reichte sein Geld noch. Er warf Piet einen großen Hundekuchen zu und hörte ihn noch knuspern, als er die Tür abschloss.

Er lief durch die Straßen, wusste eigentlich nicht, wohin, ging an den Kneipen und Dönerläden vorbei, wollte nachdenken, über das Geld, über die Operation, aber er war müde und lief sehr langsam, und er wusste, dass da niemand war, der ihm helfen würde. Er trank zwei kleine Bier an einer Imbissbude, die bis spät in die Nacht offen hatte. Er war der einzige Kunde, der Besitzer lehnte auf der Verkaufstheke, trank Kaffee und blickte den Leuten hinterher, die an seinem kleinen Imbiss vorbeigingen. Rolf trank noch einen Schnaps und zahlte, dann ging auch er weiter.

An einer Straßenecke war ein neuer Laden, den kannte er nicht. Ein großes Leuchtschild mit roten Buchstaben »Sportwetten«, und in der Schaufensterscheibe waren Bilder mit Fußballern, Boxern, und auch ein großes Pferd galoppierte da, mit einem Jockey, der eine Kappe trug, sich über den

Rücken des Pferdes beugte und mit dem Pferd zu verschmelzen schien. Ein paar Männer kamen aus der Tür, sie unterhielten sich laut und schwenkten kleine Scheine, kein Geld, das konnte er erkennen. Sie liefen, sich laut unterhaltend und lachend, die Straße entlang, dann verschwanden sie um eine Ecke. Rolf blieb stehen und blickte auf die Bilder und das Schild, dann drehte er sich um und ging nach Hause.

Als er am nächsten Tag in dem Laden stand, wunderte er sich, wie groß er war und wie viele Leute um ihn herumstanden und auf die vielen Monitore an den Wänden blickten. Es war Sonnabend, nach fünfzehn Uhr, und auf den meisten Bildschirmen lief Fußball, aber auf einigen galoppierten Pferde, und ein paar Männer standen dort, hielten Scheine und Zeitungen in der Hand und starrten auf die Pferde. Sie redeten nicht und schienen sich nicht um den Lärm um sie herum zu kümmern. »Jetzt mach ihn doch rein«, rief ein Mann neben ihm und schlug mit der Faust in die Luft, »bist du denn zu blöde, Junge, den hätt' ich doch selbst noch ...«

»Ja«, brüllte ein Mann vor einem anderen Monitor, »das isses, ja, jetzt hab ich's«, und Rolf ging langsam zu den schweigsamen Männern und den Pferden. Aber die waren jetzt gar nicht mehr so still, das Rennen schien in die Endphase zu gehen, und sie zuckten nervös mit den Schultern, traten von einem Bein aufs andere und flüsterten Sachen wie »Geh schon, zieh schon«, »Die Fünf, was interessiert mich die Fünf«, »Ja, ja, ja«, »Der bricht noch ein, der wird noch gefressen«, und dann wurden sie etwas lauter, und dann war das Rennen vorbei. Rolf stand direkt hinter ihnen, einige gingen mit ihren Scheinen vor zu der langen Theke, an der schon jede Menge Leute standen, mit Geld und Wettscheinen hantierten, die sie den Männern hinter der Theke gaben, ein paar junge Frauen standen auch dort und nahmen die Tipps und das Geld in Empfang, sonst sah er keine Frauen in dem Raum, doch, dort standen zwei ältere dicht beisammen und studierten eine Zeitung, die sie ausgebreitet vor sich hielten.

Rolf ging näher an den Monitor, dort erschienen jetzt Zahlen und die Namen der Pferde. *Sternkönig*, konnte er lesen, dann schob sich ein Mann vor ihn, der sich Notizen auf seine Zeitung machte. »Was denkst 'n, was der große Einlauf gebracht hat?«

PABLO NERUDA

Ein Hund ist gestorben

Mein Hund ist gestorben.
Ich begrub ihn im Garten
neben einer alten, verrosteten Maschine.
Dort, nicht weiter unten, nicht weiter oben,
wird er sich einmal mit mir vereinen.
Jetzt ist er weg, mit seiner Haarfarbe,
seiner üblen Erziehung, seiner kühlen Nase.
Und ich, Materialist, der nicht daran glaubt,
dass es den verheißenen himmlischen Himmel
für irgendeinen Menschen gibt,
glaube für diesen Hund oder für jeden Hund
an den Himmel, ja, ich glaube an einen Himmel,
in den ich nicht komme, doch wo er mich erwartet,
seinen Fächerschwanz schwenkend,
damit es mir bei der Ankunft nicht an Freundschaft fehle.
Ach, ich will nicht von der Traurigkeit reden,
dass ich ihn hier auf der Erde nicht mehr als Gefährten habe,
ihn, der mir niemals ein Diener gewesen ist.
Er hegte für mich eine Igelfreundschaft,
die seine Unabhängigkeit wahrte,
die Freundschaft eines selbstständigen Sterns,

ohne überflüssige Vertraulichkeit,
ohne Übertreibungen:
er sprang nicht an meiner Kleidung empor,
bedeckte mich nicht mit Haaren und Schorf,
er rieb sich nicht an meinem Knie,
wie es andre, geschlechtsbesessene Hunde tun.
Nein, mein Hund schaute mich an,
schenkte mir die Aufmerksamkeit, die ich brauche,
so viel Aufmerksamkeit, wie nötig ist,
um einen Eitlen begreifen zu lassen,
dass er, als Hund,
mit diesen Augen, reiner als die meinen,
die Zeit verlor, doch er schaute mich an
mit dem Blick, der sein ganzes
sanftes, zottiges Leben für mich bereithielt,
sein verschwiegenes Leben,
dicht bei mir, ohne mich je zu belästigen
und ohne irgendwas von mir zu verlangen.
Ach, wie oft wünschte ich mir einen Schwanz,
wenn ich neben ihm ging über die Ufer
der See, im Winter von Isla Negra,
in der großen Einsamkeit: droben die Luft
durchschossen von eisigen Vögeln,
und hüpfend mein Hund, struppig, erfüllt
von der wellenwerfenden Kraft elektrischer Meeresspannung,
mein streunender, schnupperseliger Hund,
hissend den goldenen Schweif
im Anblick des Ozeans und seines Gischts.
Fröhlich, fröhlich, fröhlich,
wie die Hunde glücklich sein können,

einfach so, mit der Unumschränktheit
unverschämter Natur.
Kein Adieu für meinen Hund, der gestorben ist.
Zwischen uns gibt es und gab's keine Lüge.
Er ist weg, und ich begrub ihn, und das war alles.

KATHERINE HEINY

Single, glücklich, entspannt

Auf den Punkt gebracht: Mayas Hund war sterbenskrank, und Maya war kurz davor, sich nach fünf Jahren von ihrem Freund zu trennen. Unterm Strich fand sie das mit dem Hund schlimmer.

»Mein Gott, das ist schrecklich«, sagte Rhodes, Mayas Freund. »Ich weiß nicht, ob ich das aushalten kann. Können wir denn gar nichts tun?«

Er sprach von dem sterbenden Hund. Dass Maya ihn verlassen wollte, wusste er noch nicht. Vermutlich hätte er darauf aber genauso reagiert. Und Maya hätte antworten müssen: »Nein, wir können gar nichts tun. Es ist wie in diesem Lied: *It's not your fault, but you just can't be here, now that my heart is gone.*«

Gestern früh hatte Mayas Hund Bailey, ein gelber Labrador, sein Frühstück nicht gefressen. Das war absolut untypisch für ihn (Maya konnte sich tatsächlich nicht erinnern, dass es überhaupt schon mal vorgekommen wäre), weshalb Maya und Rhodes sofort alarmiert waren. Maya machte Bailey ein Rührei, während Rhodes den Hund untersuchte und einen Knoten, so groß wie eine Murmel, an seiner Schnauze fand.

Maya spürte einen glühenden Stich der Eifersucht, weil Rhodes den Knoten vor ihr entdeckt hatte. Bailey war *ihr* Hund, sie hatte ihn, seit sie achtzehn war, also doppelt so lange, wie sie mit Rhodes zusammen war. Sie selbst hätte nach dem Knoten suchen müssen, statt ein Rührei zu machen. Ein bisschen tröstete es sie aber, dass Bailey das Rührei tatsächlich fraß; und dann brachte sie ihn in die Tierklinik.

Der Tierarzt hatte eine Biopsie gemacht und eben angerufen, um Maya zu mitzuteilen, dass Bailey einen äußerst aggressiven Krebs hatte und ihr bloß noch sechs bis acht Wochen blieben.

Nachdem Maya aufgelegt hatte, rief sie direkt Rhodes an. Denn die Sache war die: Auch wenn ihr Herz sich verabschiedet hatte – manchmal kam es ja doch wieder zurück. Dann spürte sie es so schwer in ihre Brust aufschlagen, dass ihr ganzer Brustkorb bebte. Und dann musste sie Rhodes unbedingt sehen, ihre Arme um seinen schmalen Körper legen und ihm einen Kuss geben, obwohl er zu groß war, um ihn bequem küssen zu können. Sie musste sein Gesicht berühren, ihm die Haare aus den Augen streichen und seine Stimme hören, auch wenn er gerade mit jemand anderem sprach und irgendwas unglaublich Langweiliges über Computer sagte, wie »NFS schaltet sich immer wieder ab und sperrt mir das ganze System«.

Es gab Zeiten, da half nichts außer Rhodes.

An diesem Abend aßen Maya und Rhodes bei seinen Eltern, am anderen Ende der Stadt. Das machten sie ungefähr einmal die Woche, und Maya war froh darüber, dass sie nicht ihr Wochenende opfern mussten, sondern nur einen Abend unter der Woche. Rhodes' Familie war sehr zugänglich und entspannt, und meistens war es nett mit ihnen. Anders als mit ihrer eigenen Familie, die am anderen Ende des Landes lebte. Als sie letzte Weihnachten dort gewesen waren, hatte Rhodes ihre Mutter in den Arm genommen, die Maya daraufhin gefragt hatte, ob er betrunken sei (was er – kaum zu glauben – tatsächlich war, aber darum ging es ja gar nicht.)

Doch heute eilte Rhodes' Mutter Hazelene auf Maya zu und drückte sie so fest an sich, dass Maya sich fragte, ob es in der Viertelstunde, die sie und Rhodes unterwegs gewesen waren, einen Terroranschlag oder eine Naturkatastrophe gegeben hatte.

»Meine Liebe«, sagte Hazelene, »du musst völlig am Ende sein. Rhodes hat mich weinend angerufen, gleich nachdem ihr das mit Bailey erfahren habt.«

»Ach so«, sagte Maya. »Ja, es ist wirklich schrecklich.«

Es irritierte sie, dass Rhodes gleich seine Mutter angerufen hatte, weinend sogar. Sie überlegte, ob sie das auch tun würde, wenn es andersrum wäre. Rhodes hatte kein Haustier, dafür aber eine doofe sechzehnjährige Schwester namens Magellan (die ganz Familie hatte völlig bescheuerte Namen; es gab noch einen Bruder namens Pegasus). Würde Maya weinend ihre Mutter anrufen, wenn Magellan noch sechs Wochen zu leben hätte? Ehrlich gesagt, war sie sich da ganz und gar nicht sicher. Aber immerhin lebte Bailey bei ihnen (anders als Magellan, zum Glück), und Bailey liebte Rhodes mit einer Hingabe, die bei einem Menschen an Schwachsinnigkeit grenzen würde. Wogegen Magellan, mal abgesehen von einer kurzen Schwärmerei vor zwei Jahren, als sie Mayas

Fingernägel dunkelblau angemalt hatte, Maya nicht besonders zu mögen schien.

Was sich später wieder zeigte, als Rhodes' Vater Desmond während des Abendessens fragte: »Kann mir mal jemand erklären, wer dieser Pharrell Williams ist und warum der immer so komische Hüte trägt?« Maya hatte Magellan einen verschwörerischen, mitfühlenden Blick zugeworfen, aber Magellan hatte nur gesagt: »Warum starrst du mich so an? Willst du, dass ich dir die Butter gebe?«

Was soll man mit so jemandem anfangen? Maya war Einzelkind. Sie hatte sich immer ein enges Verhältnis zur Schwester ihres Freundes gewünscht, wie zu einer eigenen Schwester. Und genau in diesem Augenblick beim Abendessen wurde ihr klar, dass das immer noch passieren konnte. Nicht mit Magellan (versteht sich), aber mit der Schwester eines anderen Freundes – dem Mann nach Rhodes. Dieser Gedanke erfüllte Maya mit einem so überschäumenden, prickelnden Gefühl, dass sie sich nur ungläubig am Tisch umsehen konnte, weil niemand diese Veränderung bemerkte, weil niemandem auffiel, dass sie schon mit einem Bein aus der Tür war.

Maya arbeitete zwei Tage die Woche als Bibliothekarin an der Uni und drei Tage von zu Hause aus als Webdesignerin, hauptsächlich für Schulen und Bibliotheken. Der Leiter der Bibliothek hieß Gildas-Joseph, er hatte einen leichten französischen Akzent, und an seinen Schläfen zeigten sich erste silbergraue Strähnen. Maya fand ihn wahnsinnig attraktiv, wusste aber auch, dass sie, wenn sie je etwas mit ihm anfangen sollte, sehr bald einen Makel an ihm finden würde. Wie zum Beispiel seine Frau und die Kinder.

Maya teilte Gildas-Joseph mit, dass sie heute aus persönlichen Gründen früher gehen müsse, aber nicht, dass diese Gründe darin bestanden, Bailey zum Arzt zu bringen.

Gildas-Joseph sah sie nur mit seinen dunklen Augen an und sagte: »Aber natürlich, Maya.« Und sie konnte wieder nur denken, wie sexy er war.

Sie fuhr mit Bailey zur Klinik, diesmal zu einem anderen Arzt. Dr. Drummond war groß, hatte einen kurzen, fast militärischen Haarschnitt und sehr helle blaue Augen. Auch ihn fand Maya sehr attraktiv. Ein weiterer Grund, warum sie das Gefühl hatte, sie sollte Rhodes verlassen: Ständig fand sie alle möglichen Männer attraktiv.

Dr. Drummond saß auf dem Boden, tätschelte Bailey und streichelte ihr den Kopf, während Maya sagte: »Sie frisst kaum, und wenn, dann blutet ihr Mund ein bisschen. Und das Ding an ihrer Schnauze kommt mir auch größer vor.«

Dr. Drummond öffnete vorsichtig Baileys Maul und leuchtete hinein. »Der Tumor breitet sich aus«, stellte er fest und fügte nach einer Pause hinzu: »Ich fürchte, ihr bleiben nur noch etwa zwei Wochen.«

Maya hatte nicht damit gerechnet, dass sie weinen würde, aber als sie versuchte, etwas zu sagen, war ihre Stimme ganz belegt. »Zwei Wochen? Das ist alles?«

Dr. Drummond nickte. »Ich kann ihr ein Schmerzmittel spritzen, aber ich würde sie gern in ein paar Tagen noch mal sehen.«

Maya sagte nichts. Dr. Drummond gab Bailey die Spritze, was sie aufjaulen ließ, zerbrach dann einen Hundekuchen in kleine Stücke und fütterte sie behutsam.

Dann sah er Maya an. »Ich bringe Sie zu Ihrem Auto.«

Maya ging zum Empfang, aber da wurde sie nur durchgewinkt (wenn ein Hund im Sterben lag, musste man offenbar erst später bezahlen), und Dr. Drummond begleitete sie und Bailey zum Wagen. Er half Bailey hinein und stand dann neben Maya.

»Sind Sie sicher, dass Sie fahren können?«, fragte er.

Sie nickte, und er nahm ihre Hand. Hier, mitten auf dem Parkplatz, hielt er einfach ihre Hand.

Innerhalb weniger Tage verwandelte sich Bailey von einer alten, aber gesunden Hündin in ein schwaches, kränkliches Tier, das bei der kleinsten Anstrengung zu keuchen begann. Wenn sie bellen wollte, musste sie husten. Der Tumor an ihrer Wange war jetzt so groß wie ein Golfball und entstellte ihr Gesicht. Sie fraß kein Hundefutter mehr, noch nicht mal Rührei. Das Einzige, was sie jetzt noch zu sich nahm, war rohes Hamburgerfleisch, mit Brot und Milch vermischt.

Weil sie keine Milch mehr hatten, gingen Maya und Rhodes abends mit Bailey zum Laden an der Ecke. Selbst dieser kurze Spaziergang brachte Bailey zum Keuchen.

»Ich warte draußen mit ihr«, sagte Maya.

Rhodes ging in den Laden, und Bailey ließ sich auf den Gehsteig sinken. Ein kleiner weißer, fluffiger Hund war am Fahrradständer angebunden, aber Bailey ging nicht rüber, um ihn zu beschnuppern.

Maya kannte den Hund und seine Besitzerin vom Sehen, eine Frau um die fünfzig, die wohl auch gerade im Laden war. Sie wohnten im Viertel, und die beiden machten bei Wind und Wetter Spaziergänge und Besorgungen. Wahrscheinlich war sein Frauchen Single, Maya hatte sie noch nie mit jemand anderem gesehen (und nie ohne den Hund).

Die Hundebesitzerin und Rhodes traten gleichzeitig aus dem Laden, und der kleine weiße Hund hüpfte freudig herum.

Da blickte die Frau den Hund an und sagte: »Ich liebe dich.«

Sie sagte es nicht in dem hohen, aufgeregten Ton, in dem man mit Hunden spricht, sondern so, wie eine Frau es zu ihrem Mann oder Liebhaber sagen würde. Maya und Rhodes sahen sich an.

Auf dem Heimweg gingen sie langsam, ganz langsam, wegen Bailey, und Rhodes legte seinen Arm um Maya, die sich an ihn schmiegte.

»Zumindest«, sagte sie, »werde ich jetzt nie so werden.«

Rhodes war nachdenklich. »Ich hätte nichts dagegen, so zu sein«, sagte er.

Das war typisch Rhodes, es würde ihm tatsächlich nichts ausmachen – ihr aber schon. Ergänzten sie einander, oder hatten sie keine gemeinsame Zukunft? Darauf fand Maya einfach keine Antwort.

Rhodes war donnerstagabends nie zu Hause, weil er freitags an den Projektsitzungen seiner Abteilung in Arlington teilnehmen musste (er arbeitete mit Computern und war Assistenzprofessor, viel mehr wusste Maya aber nicht über seine Arbeit). An diesem Donnerstagabend nahm Maya ein Schaumbad und zog danach den blauen Kimono mit den fliegenden schwarzen Möwen über.

Dann setzte sie sich an den Computer, und Bailey rollte sich unter dem Schreibtisch zusammen, sodass Maya ihre nackten Zehen in ihrem Fell vergraben konnte. Maya trank zwei Gläser Rotwein und suchte online nach Liedern über sterbende Hunde, fand aber nur einen einzigen Song, *Old Blue* von Grandpa Jones. Sie lud ihn runter, drückte Repeat und setzte sich mit einem dritten Glas Wein auf die Couch. Bailey legte den Kopf auf ihren Schoß.

Es läutete an der Tür, und Bailey gab das traurige Husten von sich, zu dem ihr Bellen geworden war.

Maya hielt den Kimono vor der Brust zusammen und öffnete, das Weinglas in der Hand, die Tür.

Vor ihr stand Gildas-Joseph, ihr Boss. Er hatte eine schwere Nylontasche dabei.

»Hallo, Maya«, sagte er. »Ich habe das Zelt gekauft, über das wir gesprochen haben.«

Hatten sie über ein Zelt gesprochen? Ja, wahrscheinlich … Rhodes und sie wollten campen gehen.

»Oh, vielen Dank«, sagte sie. Er erwartete offenbar, dass sie ihm das Zelt abnahm, aber dann wäre der Kimono womöglich aufgegangen. Also dirigierte sie ihn nach Gutsherrinnenart mit dem Weinglas hinein: »Können Sie es bitte hier in die Ecke tun?«

Gildas-Joseph legte das Zelt hin und tätschelte Bailey. »Na, wie geht's dem alten Mädchen«, sagte er. »Hmmm? Wie geht's dir?«

Maya zwinkerte eine Träne weg. Plötzlich fühlte sie sich Gildas-Joseph sehr nah. »Möchten Sie ein Glas Wein?«

»Ich kann nicht«, antwortete Gildas-Joseph. »Meine Frau und die Kinder warten im Auto.«

Seine Frau und die Kinder warten im Auto! Plötzlich war ihr, als hätte sie ihm ein unzulässiges oder zumindest unmoralisches Angebot gemacht. Also sagte sie, wieder ganz die Gutsherrin: »Vielen Dank, dass Sie vorbeigekommen sind.« Etwas umständlich stellte sie das Weinglas auf dem Schuhregal ab und schüttelte ihm die Hand.

Er ging, und sie stellte sich vor, wie er zu seiner Frau ins Autos stieg mit den Worten: »Mir erzählt Maya, sie sei zu beschäftigt, um der Libri-Stiftung zu schreiben, und jetzt sitzt sie im Bademantel da und betrinkt sich!«

Na, wennschon. Maya war das gerade egal.

Sie trank den Rest der Weinflasche und den Großteil der nächsten und schlief auf dem Sofa ein. Als sie am nächsten Morgen aufwachte, hatte sie einen steifen Hals, ihre Zunge fühlte sich an, als würde Fell darauf wachsen, und vermutlich hatte sie einen leichten Gehirnschaden davongetragen, weil Grandpa Jones die ganze Nacht gesungen hatte. Aber Bailey leckte an ihrer Hand, und Maya stellte zu ihrem Erstaunen fest, dass es ihr ein klein wenig besser ging.

Mittags kam Hazelene mit zwei Currys vom Inder und einem Markknochen vom Metzger vorbei. Maya und sie aßen die beiden Currys, aber Bailey beschnupperte seinen Knochen nur, legte sich dann daneben und schlug mit dem Schwanz ein paarmal auf den Boden.

»Leider hat sie keinen großen Appetit«, sagte Maya entschuldigend. Früher war es für Bailey immer das Größte gewesen, das letzte bisschen Mark aus einem Knochen rauszuholen. Den ganzen Nachmittag hatte sie dann den Knochen mit Schnauze und Zähnen bearbeitet und rumgeschoben, was immer dieses Geräusch gemacht hatte, dieses Tock-tock, das nur ein Hund mit einem Knochen machen kann.

Aber Hazelene war aus härterem Holz geschnitzt. Sie holte sich einen Teelöffel aus der Küche, legte sich neben Bailey auf den Boden und fütterte sie löffelweise. »Hier, meine Liebe«, murmelte sie ermutigend. »Na, ist das gut? Du lieber alter Hund.«

Als Bailey nichts mehr wollte, blieb Hazelene trotzdem bei ihr und streichelte sie sanft. Maya brachte alles in die Küche und warf den Löffel weg, denn auch wenn er in der Spülmaschine gewaschen und sterilisiert war, wollte sie sich nicht jeden Morgen beim Frühstück fragen müssen, ob sie ihren Joghurt gerade von einem Löffel aß, den ein Hund mit Maulkrebs im Mund gehabt hatte.

Dann ging ihr auf, dass Hazelene und sicher auch Rhodes genau das Gegenteil denken würden. Sie wären stolz darauf, Joghurt mit Baileys Löffel zu essen, auch ohne Spülmaschine und alles. Bei diesem Gedanken musste sie weinen (sehr leise in ein Geschirrtuch), denn Rhodes, seine Mutter und Bailey – sie alle hatten jemand Besseren verdient.

Dr. Drummond rief an, als Maya unter der Dusche war, und hinterließ eine Nachricht. Er wollte wissen, wie es ihr und Bailey ging. Maya war klar, dass Dr. Drummond nicht bei allen seinen Patienten anrief, um sich nach ihrem Befinden zu erkundigen. Ein Teil von ihr empfand die Nachricht als sehr vielsagend und schmeichelhaft, ein anderer Teil aber war einfach nur ungeduldig. Am liebsten hätte sie ihn zurückgerufen und gesagt: Hören Sie, mein Hund stirbt bald, und meine Beziehung geht vielleicht zu Ende, also wenn Sie was mit mir anfangen wollen, dann erzählen wir uns doch einfach unsere Geschichten und schauen, was passiert.

Maya hatte nämlich die Theorie, dass jeder Mensch eine Geschichte hat, die seine Persönlichkeit ausmacht, sowohl das Gute wie das Schlechte darin. Sie war der Meinung, dass man einander diese Geschichten gleich zu Beginn einer Beziehung anvertrauen sollte. Wenn der andere etwas mit der eigenen Geschichte anzufangen wusste, lohnte es sich, die Beziehung fortzuführen; erfasste er aber die Reichweite der Geschichte nicht oder bildete sich zu schnell ein Urteil, hatte weiterer Kontakt eigentlich keinen Sinn. In ihrem Kopf nannte sie das die ›Prüfsteingeschichten‹.

Mayas eigene Geschichte war folgende: Mit zwanzig hatte sie eine Affäre mit einem übergewichtigen Ökonomieprofessor gehabt. Einmal war er beim Sex oben und lag so schwer auf ihr, dass eine von Mayas Rippen angeknackst wurde. Sie rief: »Halt! Stopp! Ich glaube, du hast mir gerade eine Rippe gebrochen!« Er antwortete: »Aber ich bin noch nicht fertig.«

Das war nur eine kleine Anekdote, doch Maya fand sie sehr aufschlussreich. Einmal, bei einem Date, hatte ein Mann versucht, ihr die Geschichte zu *erklären*: »Was er eigentlich meinte, war –«, und Maya hätte um ein Haar gerufen: »Ich weiß, was er gemeint hat! Aber dass er das überhaupt gesagt hat!« (Diesen Typen hat sie natürlich nie wiedergetroffen, genauso wenig wie den Professor, zumindest nicht außerhalb der Uni.)

Rhodes hatte Maya seine Prüfsteingeschichte nach sechs Wochen erzählt. Als er noch zur Highschool ging, hatte sein Freund Vince Brandigan bei ihm übernachtet. Am nächsten Morgen, Rhodes war gerade unter der Dusche, kam Hazelene in sein Zimmer, um zu fragen, was die Jungs frühstücken wollten. Sie hatte geklopft, und Vince hatte »Herein!« gerufen. Als sie die Tür aufmachte, lag er masturbierend auf dem Bett – er hatte eindeutig auf sie gewartet. Und obwohl Hazelene danach darauf bestand, dass Vince nicht mehr vorbeikam, war Rhodes mit ihm befreundet geblieben. Das Ganze löste sich erst auf, als Vince dem Footballteam beitrat und sie nicht mehr viel gemeinsam hatten. (Ein faszinierendes Detail dieser Geschichte war, dass Vince nicht nur Rhodes' Freund, sondern auch sein Nachbar war und seine Eltern immer noch bloß vier Blocks entfernt wohnten. Wahrscheinlich besuchte Vince auch heute seine Eltern gelegentlich, aber leider hatte Maya ihn noch nie gesehen, obwohl sie Rhodes in den Ferienzeiten stets bat, extra langsam am Haus der Brandigans vorbeizufahren.)

Diese Geschichte sagte doch einfach alles über Rhodes, nicht wahr? Warum Maya ihn verlassen wollte und warum sie für immer mit ihm zusammen sein wollte. Außerdem verriet sie auch einiges über Hazelene und machte es Maya absolut unmöglich, bei ihrem Anblick an irgendetwas anderes zu denken.

Maya hatte diesen wiederkehrenden Albtraum von einer Hochzeit mit Rhodes, der sie nachts panisch japsend aufschrecken ließ. Nichts konnte sie dann beruhigen, außer Rhodes zu wecken, was ihm glücklicherweise nichts ausmachte. Er meinte, er brauche nicht viel Schlaf und sei gern mitten in der Nacht wach.

Also rüttelte sie an Rhodes Schulter und sagte: »Ich hatte einen schlimmen Traum.«

»Schon wieder?«, fragte Rhodes verschlafen. Er wollte nie

wissen, was in ihren schlechten Träumen passierte, und ihr war das nur recht.

Auch diesmal kam Rhodes schnell in die Gänge, machte Tee für sie beide, und dann guckten sie *Jeopardy!* im Bett. Irgendwann erwähnte der Moderator, dass die drei erfolgreichsten Berufsgruppen in der Show Anwälte, Lehrer und Bibliothekare seien.

»Hey, vielleicht mach ich da ja mal mit!«, rief Maya.

»Du?«, johlte Rhodes. »Ich sehe dich schon vor mir. ›Ich nehme Lockenstab für 400 und Pilzinfektion für 1000‹.«

Maya lachte, stellte den Fernseher stumm, und dann diskutierten sie über mögliche *Jeopardy!*-Themen für Maya, darunter Räucherkerzen, Stephen King und wahre Kriminalfälle und als Spezialkategorie berühmte Wissenschaftlerinnen (Letzteres war etwas überraschend, aber sie hatte mal eine Website für eine Ausstellung über »Frauen in der Wissenschaft« gestaltet).

Maya hatte sich beruhigt, und sie schliefen miteinander. Danach schlüpfte Maya wieder unter die Decke, Rhodes dagegen setzte sich an seinen Laptop. Sie war glücklich, entspannt und fühlte sich geborgen, was angesichts ihres Traums reichlich seltsam war. Aber Maya hatte tatsächlich noch nie längerfristig das Gefühl gehabt, dass ihre Beziehung mit Rhodes irgendeinen Sinn ergab.

Maya brachte Bailey wieder zu Dr. Drummond, denn mittlerweile fraß Bailey gar nichts mehr außer einem Brei aus Brot und Milch, und der Tumor an ihrer Schnauze war jetzt fast so groß wie eine Grapefruit. Manchmal meinte sie fast, sie könne ihn wachsen sehen.

Dr. Drummond setzte sich wieder zu Bailey auf den Boden, öffnete ihr Maul und leuchtete hinein. Bailey wehrte sich, also setzte sich Maya auch auf den Boden, um sie zu beruhigen.

Dr. Drummond untersuchte Baileys Mund ziemlich lange. Dann knipste er das Licht aus und sah Maya an. »Der Tumor blockiert mittlerweile ihre Kehle«, sagte er. »Sie hat Mühe beim Schlucken und wird bald Atemprobleme kriegen.«

Mayas Griff um Baileys Halsband wurde fester.

»Ich glaube, morgen oder übermorgen wird es so weit sein«, fügte Dr. Drummond hinzu.

»Morgen oder übermorgen?«, rief Maya schrill. »Aber Sie hatten doch zwei Wochen gesagt! Und davor hieß es sechs Wochen!«

»Ich weiß«, sagte Dr. Drummond ruhig. Ihre Vorwürfe schienen an ihm abzuprallen. »Der Tumor ist aggressiver, als wir dachten.«

»Achtundvierzig Stunden, aber …«, setzte Maya an. Das war so kurz. Am liebsten hätte sie mit ihm verhandelt.

»Denken Sie darüber nach«, sagte Dr. Drummond sanft. Er legte seine Hand zwischen ihre Schulterblätter und ließ sie dort liegen. »Morgen oder übermorgen. Dann kommt das Wochenende, und bis Montag wird sie es nicht schaffen. Sie wollen doch nicht, dass sie leidet. Ich kann zu Ihnen nach Hause kommen, wenn Sie glauben, dass Bailey das lieber ist.«

Maya nickte, weil sie nicht wusste, ob sie sprechen konnte.

Dr. Drummond gab Bailey noch eine Schmerzspritze und einen sehr weichen Hundekuchen. Maya solle ihn anrufen, wenn sie sich entschieden habe. Er bot ihr an, sie wieder zum Auto zu begleiten, aber sie schüttelte nur den Kopf.

Sie ging raus zum Wagen und half Bailey auf den Beifahrersitz. Dann stieg sie selbst ein, startete aber nicht gleich den Motor. Ihr ging durch den Kopf, dass sie eines Tages – vermutlich sehr bald – Single, glücklich, entspannt und hundelos wäre und sich mit Professoren, Tierärzten und allen möglichen anderen Männern verabreden könnte, auf die sie gerade Lust hatte. Sie wünschte sich, dieser Gedanke würde sie glücklich machen. Sie wünschte sich, irgendetwas anderes zu spüren als den reinen, schwersten, dunkelsten Schmerz.

An diesem Abend kamen Rhodes' Eltern und Magellan vorbei, mit einer selbstgemachten Lasagne, Salat und einer Flasche Wein. »Ich dachte, dir ist sicher nicht nach Kochen«, erklärte Hazelene.

Maya schaute auf das Essen und in ihre erwartungsvollen Gesichter und sagte: »Bleibt doch ein bisschen.«

Rhodes kam in die Küche, blieb stehen, kratzte sich unter dem T-Shirt den Bauch und fragte: »Ruiniert ihr so nicht eure ganze Hilfsbereitschaft, wenn ihr uns was zu essen bringt und dann dableibt, um mitzuessen?« Rhodes sagte ständig so krass negative Dinge zu seinen Eltern, aber entweder kapierten sie es nicht, oder sie hatten sich daran gewöhnt.

Also versammelten sich alle fünf um den Tisch und aßen Lasagne. Hazelene aß mit der rechten Hand und streichelte mit der Linken Baileys Kopf. »Bailey, Bailey«, murmelte sie. Dann sah sie Maya an: »Ich glaub, ich hab dich nie gefragt, warum sie Bailey heißt.«

»Weil Baileys Irish Cream damals mein Lieblingsgetränk war«, sagte Maya, und setzte hinzu: »Ich war ja erst achtzehn.«

Gemeint hatte sie: Ich war ja erst achtzehn und hatte noch einen grauenhaften Geschmack, was Alkohol angeht, aber es klang eher wie: Ich war ja erst achtzehn, heute trinke ich viel härteres Zeug.

»Oh, ich liebe Baileys«, sagte Hazelene. »In der Weihnachtszeit gieße ich immer welchen in einen Dekanter und stelle ihn mit den hübschen kleinen Likörgläschen auf ein Tablett im Flur. Und jedes Mal, wenn ich daran vorbeigehe, genehmige ich mir ein Gläschen.«

»Jedes Mal, wenn du daran vorbeigehst?«, rief Magellan. »Dann bist du ja mittags schon stockbesoffen.«

»Hör mal«, sagte Rhodes Vater. »Wie redest du denn mit deiner Mutter?«

(Ah, es gab also noch Hoffnung für Magellan!, dachte Maya, um sich dann der Frage zuzuwenden, wie oft sie wohl schon in Anwesenheit von Rhodes' Vater geflucht hatte.)

An Hazelene schien das alles abzugleiten. Immer noch streichelte sie Baileys Kopf. »Sie ist zehn«, stellte sie fest. »Das bedeutet achtzig in Hundejahren, oder? Und sie war fast immer gesund. Ich wünschte, mir würde es genauso gehen – gesund bis zum Schluss, und viel älter als achtzig will ich sowieso nicht werden.«

»Wenn du willst, können wir einen Termin mit dem Tierarzt machen«, sagte Rhodes. »Wir sagen ihm einfach, er soll am 17. September in vierundzwanzig Jahren bei dir vorbeikommen und dich einschläfern. Und falls du dich wehrst, soll er einfach nicht drauf achten.«

Hazelene sah Maya nur an und schüttelte den Kopf. Maya

musste grinsen. Und plötzlich begriff sie, dass sie mit Hazelene genau das Verhältnis hatte, das sie sich immer mit Magellan gewünscht hatte. Hazelene und sie waren befreundet, richtige Freundinnen. Wieder einmal dachte Maya, dass die Menschen nicht dafür gemacht waren, ständig umzuziehen, und die Welt bestimmt viel schöner wäre, wenn alle ihr Leben lang am selben Ort wohnen blieben. Würde sie Hazelene doch aus einem anderen Kontext kennen, aus der Arbeit, dem Fitnessstudio oder der Nachbarschaft ... dann könnte Rhodes' Mutter immer noch an ihrer Seite sein, auch wenn Rhodes es dann nicht mehr war.

Am nächsten Tag rief Maya von der Bibliothek aus bei der Tierklinik an und vereinbarte für den folgenden Morgen einen Termin mit Dr. Drummond.

Dann rief sie Rhodes an, um ihm Bescheid zu geben. »Aber morgen ist Freitag, und ich habe Projektsitzung.«

»Ich weiß«, sagte Maya. »Aber uns bleibt keine Zeit mehr. Bald kriegt sie Atembeschwerden.«

»Ich möchte nicht, dass du das ohne mich durchstehen musst«, sagte Rhodes. »Und ich will auch nicht, dass Bailey das ohne mich durchstehen muss.«

Plötzlich konnte Maya kaum mehr atmen. Bailey würde Rhodes sicher bei sich haben wollen. Aber jetzt war es zu spät.

»Schon in Ordnung«, sagte sie schließlich. »Für mich wäre es schwerer, wenn du dabei wärst. So muss ich für Bailey tapfer sein.«

Sie wollte mit Bailey alleine sein, wenn es zu Ende ging, so wie am Anfang, damit sie später, falls nötig, so tun konnte, als wäre Rhodes nur ein kurzes Signal auf dem Radar gewesen.

Nachdem sie aufgelegt hatte, ging sie durch den Flur zum Büro von Gildas-Joseph und sagte ihm, dass sie den nächsten Tag freinehmen wolle, weil ihr Hund eingeschläfert werden müsse.

Gildas-Josephs Gesicht verdüsterte sich vor Sorge. Er bat Maya in sein Büro und bot ihr ein Glas Pastis an, den Maya trank – nicht weil sie Pastis so gern mochte oder ihn gebraucht hätte, sondern weil es ihr gefiel, hinter verschlossener Tür in Gildas-Josephs Büro zu sein.

Und da wurde ihr klar, dass sie ihren sterbenden Hund dazu benutzte, Dates mit zwei verschiedenen Männern zu kriegen. Jetzt gab es keinen Zweifel mehr: Sie war ein durch und durch schlechter Mensch.

Am nächsten Morgen fraß Bailey gar nichts mehr, auch nicht als Maya versuchte, sie mit einem Löffel zu füttern.

Dr. Drummond sollte erst um zehn Uhr kommen, und Maya wollte, dass diese letzte Stunde mit Bailey besonders war und denkwürdig, aber sie konnten einander nur anstarren. Was Maya klarmachte, dass ihre Interaktion hauptsächlich darin bestand, dass Maya mit Bailey spazieren ging und Bailey versuchte, ihr Futter zu entlocken. Doch nun war Bailey zu krank für beides.

Also setzte sich Maya auf den Boden, und Bailey legte sich neben sie. Maya sah sich eine Kochsendung an und streichelte Baileys helles Fell, bis ihre Finger fast taub waren.

Um zehn vor zehn erschien Dr. Drummond. Er hatte Jeans an, seinen weißen Kittel und ein blaues Hemd, das zu seinen Augen passte. Bailey war ganz aufgeregt, drehte sich unbeholfen im Kreis und leckte an seiner Hand, weil sie bei Dr. Drummond an den Hundekuchen dachte, den sie das letzte Mal zum Abschied bekommen hatte. Und Maya fragte sich unwillkürlich, ob es illoyal war, am letzten Tag von Baileys Leben darüber nachzudenken, ob die Gute vielleicht ein bisschen dämlich war, weil sie sich zwar an den Hundekuchen, aber nicht an die Spritze erinnerte.

»Kommen Sie rein«, begrüßte sie Dr. Drummond. »Wir schauen gerade fern.« Einen Augenblick zu spät fiel ihr auf, dass das ziemlich bescheuert klang. »Ich meine, *ich* habe ferngesehen. Bailey lag nur da.«

Aber Dr. Drummond hatte sich bereits gebückt, um Bailey zu streicheln, blickte auf und lächelte Maya sanft an. »Ich weiß schon.«

Wahrscheinlich hat er bei seinen Hausbesuchen alle möglichen Mensch-Hund-Beziehungen erlebt, dachte Maya. »Also«, sagte sie. »Was passiert jetzt?«

»Wir legen Bailey einfach irgendwohin, wo sie sich wohlfühlt«, sagte Dr. Drummond.

»Bailey, komm her«, rief Maya und ging wieder an die Stelle, wo sie zusammen auf dem Boden gesessen hatten. Aber Bailey entschied sich genau in diesem Moment zum Ungehorsam und lief stattdessen zur Hintertür. »Sie will wohl raus«, meinte Maya.

»Schon in Ordnung.« Dr. Drummond lächelte.

Also ging Bailey raus und spazierte langsam über den Hinterhof, während Maya und Dr. Drummond eine eher angestrengte Diskussion darüber führten, was für ein schlechtes Buch *Sakrileg* doch war, und Maya sich fragte, ob sie diesen Termin später als ihr erstes Date würde betrachten müssen.

»Hat Bailey eine Decke oder ein Handtuch, wo sie sich drauflegen kann?«, fragte Dr. Drummond.

Maya holte ein altes Badetuch aus dem Wäscheschrank und breitete es auf dem Teppich aus. Währenddessen kam Bailey wieder zur Tür, und Dr. Drummond ließ sie rein. Maya setzte sich auf das Handtuch, und Bailey legte sich neben sie. Dr. Drummond öffnete seine Tasche und nahm eine Spritze raus.

»Das wird sie müde machen«, sagte er, ging auf die Knie und gab Bailey die Spritze.

»Alles gut«, beruhigte Maya Bailey, obwohl es ihr nicht viel auszumachen schien. Bailey leckte sich über die Stelle und legte dann ihren Kopf auf Mayas Schoß. Die Injektion wirkte erstaunlich schnell, keine Minute später schnarchte Bailey schon.

»Jetzt warten wir zehn Minuten, um ganz sicher zu sein, dass sie schläft«, sagte Dr. Drummond und sah auf seine Uhr.

Während sie warteten, sprachen sie nicht, Baileys Schnarchen war das einzige Geräusch im Raum. Maya konnte später nicht mehr sagen, ob diese zehn Minuten sehr langsam oder sehr schnell vergangen waren. Sie wusste nur, dass irgendetwas mit der Zeit passiert war, sie hatte sich verändert, war weicher geworden.

Dr. Drummond nahm eine weitere Spritze aus seiner Tasche. »Diese hier bringt ihr Herz zum Stillstand.« Er sah Maya entschuldigend an. »Es könnte sein, dass sie aufwacht oder kurz in Panik gerät.«

Maya nickte.

Dr. Drummond setzte die Spritze in Baileys Bein, und Maya streichelte ganz sanft Baileys Kopf, immer und immer wieder. Aber Bailey wachte nicht auf. Sie atmete tief ein und nicht mehr aus.

Dr. Drummond hörte mit dem Stethoskop Baileys Herz ab, und dann öffnete er ihr Augenlid und drückte mit dem Finger gegen den Augapfel. Er nickte. »Selbst beim Sterben ist sie ein braves Mädchen«, murmelte er leise.

Falls Maya, die ein auditiver Mensch war, erwartet hatte, fernes Glockenläuten oder das Entweichen von Baileys Seele zu hören, wurde sie jetzt enttäuscht. Sie hörte nur das Tropfen des Wasserhahns in der Küche, das leise Pochen der Spülmaschine und die Geräusche der Menschen draußen auf der Straße, die ihr Leben weiterlebten.

Dr. Drummond wickelte Baileys Körper in das Handtuch, trug sie zu seinem Wagen und legte sie vorsichtig in den Kofferraum. Er würde sie ins Krematorium fahren und Maya dann die Asche bringen.

Sie stand neben seinem Wagen und sah zu, wie er die Tür schloss.

»Alles in Ordnung?«, fragte er.

Sie nickte.

Dr. Drummond legte einen Arm um sie und hielt sie einen Moment lang fest. Er roch ganz leicht nach Desinfektionsmittel und ein bisschen nach Hund. Wieder war Maya klar, dass er wohl kaum alle seine Klienten umarmte und dies eigentlich ein bedeutender Moment war, aber sie fühlte sich wie betäubt. Umarmte sie wirklich gerade den Tierarzt?

Lag Baileys Körper wirklich im Kofferraum dieses Autos? Schien die Sonne wirklich so hell?

Nachdem Dr. Drummond gefahren war, ging Maya hinein und schrieb Rhodes eine SMS: Es ist vorbei. Bitte ruf nicht an, wenn ich deine Stimme höre, fange ich an zu weinen. Beim Abschicken merkte sie, dass sie ihm denselben Text schicken könnte, wenn sie mit ihm Schluss machen würde, dazu passte er auch. Es schien so einfach, ihn zu verlassen, wenn er nicht da war, aber in seiner Gegenwart fast unmöglich.

Sie räumte die Spülmaschine aus und machte die Waschmaschine an. Dann brachte sie den Müll raus und schrieb einen Einkaufszettel. Das konnte sie. Sie konnte das. Sie legte Baileys Trinknapf und ihre Leine in einen Schuhkarton und stellte ihn in das oberste Schrankfach.

Dann machte sie sich eine Tasse Kaffee und setzte sich an den Schreibtisch. Sie streifte die Schuhe ab und streckte automatisch die Füße aus, um sie in Baileys Fell zu vergraben.

Einen Augenblick später zog Maya die Beine hoch, legte den Kopf auf die Knie und fing an zu heulen. Sie weinte, weil Bailey nie mehr wieder unter ihrem Tisch liegen würde, während sie arbeitete. Bailey würde sie nie mehr beschützen, wenn Rhodes donnerstagabends weg war. Bailey würde nie mehr einen gequälten Seufzer ausstoßen, wenn Maya wieder mal zu lange brauchte, um ihre Jacke anzuziehen. Maya weinte wegen all dieser Dinge. Aber hauptsächlich weinte sie, weil ihre Welt durch Bailey schöner geworden war. Und jetzt war Bailey nicht mehr da.

Sie nahm gerade ein Schaumbad, als Rhodes nach Hause kam. Ein Dutzend Duftkerzen brannten im Bad, und ein Glas Rotwein stand am Boden neben der Wanne.

Sie hörte, wie unten die Tür auf- und wieder zuging, wie Rhodes herumlief, seine Post aufmachte, sich etwas zu trinken holte. Er rief nach ihr, aber sie antwortete nicht.

Nach einer Weile kam er ins Bad.

»Hey«, sagte er.

»Hey«, antwortete Maya leise.

Er setzte sich auf den Rand der Wanne, griff unter dem Wasser nach ihrer Hand und hielt sie. Dass sein Ärmel dabei nass wurde, schien ihm nichts auszumachen, wie es ihm ja auch nichts ausgemacht hätte, vom Hundelöffel zu essen.

Rhodes fuhr sich mit der freien Hand durchs Haar. »Das Haus war so leer, als ich ankam«, sagte er. Dann seufzte er. »Die Welt ist heute ein ganzes Stück düsterer geworden.«

Das war dem, was Maya vorhin gedacht hatte, so ähnlich, dass sie ihn nur ansehen konnte. Sie setzte sich etwas in der Wanne auf, drückte seine Hand fester und meinte zu sehen, wie alle Kerzen plötzlich aufflackerten und einen Moment lang heller schienen.

Und da wusste Maya, dass sie Rhodes nicht verlassen konnte. Baileys Tod hatte das verhindert, so wie eine Reifenpanne oder ein kaputter Wecker verhindern, dass jemand in ein Flugzeug steigt, das dann abstürzt.

Manchmal gab es zu viel zu verlieren. Das wusste Maya jetzt.

JOHN UPDIKE

Hundetot

Unbeobachtet muss sie getreten oder angefahren worden sein.
Zu jung, um viel zu wissen, war sie grad dabei zu lernen,
die Zeitung auf dem Küchenboden zu benutzen, dort pissend,
sich die Worte zu verdienen »Guter Hund! Guter Hund!«.
Wir hielten erst ihr scheues Kränkeln für Nachwirkung
Einer Injektion. Autopsie entdeckte einen Riss in ihrer Leber.
Als wir spielend neckten, drang das Blut in ihren Leib
und ihr Herz, es lernte sich für immer niederlegen.
Montagmorgen, als die Kinder lärmend abgefüttert wurden
vor dem Schulgang, kroch sie unters Bett des Jüngsten.
Wir fanden sie, verkrümmt und kraftlos, doch noch lebend.
Auf meinem Schoß dann, auf der Fahrt zum Tierarzt, biss sie
mich in die Hand und starb. Ich streichelte ihr warmes Fell,
und meine Frau rief herrisch sie bei Namen unter Tränen.
Obwohl ja Liebe sie umgab, die aufrecht sie gehalten hätte,
sank sie doch hin, versteifte sich, verschwand.
Wir stellten später fest, dass sie des Nachts, der Auflösung
schon nah, des Durchfalls Schande noch erleben musste
und ihren Rumpf noch übern Boden schleppte
zu einer Zeitung, die dort achtlos hinfiel. *Guter Hund.*

Nachweis

Elizabeth von Arnim
Auszug aus: Elizabeth von Arnim, *Alle meine Hunde*. Aus dem Englischen von Karin von Schab. Copyright für die deutsche Übersetzung © 1993 by Insel Verlag, Frankfurt am Main und Leipzig.

Matthias Claudius
Als der Hund tot war. Aus: Matthias Claudius, *Sämtliche Werke.* Vollmer Verlag, Wiesbaden 1981.

Hartley Coleridge
Zum Tod von Echo, einer Lieblings-Beaglehündin. Aus dem Englischen von Claus Sprick. Aus: John Hollander, *Animal Poems*. Alfred A. Knopf, New York/London/Toronto 1994. Copyright für die deutsche Übersetzung © 2015 by Hoffmann und Campe Verlag, Hamburg.

Richard Dehmel
Nur ein Hund. Aus: Richard Dehmel, *Gesammelte Werke in drei Bänden*. S. Fischer Verlag, Berlin 1913.

Jean Grenier
Über den Tod eines Hundes. Aus dem Französischen von Stephanie Singh. Copyright © 1957 by Editions Gallimard, Paris. Copyright für die deutsche Übersetzung © 2015 by Hoffmann und Campe Verlag, Hamburg.

Roger Grenier
Das Hundeparadies. Aus dem Französischen von Stephanie Singh. Aus: Roger Grenier, *Les larmes d'ulysee.* Copyright © 1995 by Éditions Gallimard, Paris. Copyright für die deutsche Übersetzung © 2015 by Hoffmann und Campe Verlag, Hamburg.

Lars Gustafsson
Elegie auf einen Labrador. Aus: Lars Gustafsson, *Die Stille der Welt vor Bach.* Gedichte. Aus dem Schwedischen von Hans Magnus Enzensberger. Copyright © 1982 by Carl Hanser Verlag, München.

Seamus Heaney
Carlo. Gedicht auf meinen toten Freund. Aus: FAZ vom 14.7.2000. Aus dem Englischen von Joachim Kalla.

Katherine Heiny
Single, glücklich, entspannt. Aus: Katherine Heiny, *Glücklich, vielleicht.* Aus dem Amerikanischen von Marion Hertle. Copyright © 2014 by Katherine Heiny. Copyright für die deutsche Übersetzung © 2015 by Hoffmann und Campe Verlag, Hamburg.

Elke Heidenreich
Nurejews Hund. Aus: Elke Heidenreich, *Nurejews Hund.* Copyright © 2002 by Carl Hanser Verlag, München.

Christa Jankowiak
Wir nannten ihn »Wolle«. Aus: *Hunde wie wir. Geschichten über den besten Freund des Menschen.* Ausgewählt von Elga Abramowitz. Aufbau Taschenbuch Verlag GmbH, Berlin 2001. Copyright © by Christa Jankowiak.

Maurice Maeterlinck
Über der Tod eines kleinen Hundes. Aus dem Französischen von Stephanie Singh. Copyright für die deutsche Übersetzung © 2015 by Hoffmann und Campe Verlag, Hamburg.

Clemens Meyer
Von Hunden und Pferden. Aus: Clemens Meyer, *Die Nacht, die Lichter.* Stories. Copyright © 2008 by S. Fischer Verlag GmbH, Frankfurt am Main.

Les Murray
Eine Hundeelegie. Aus: *Dass mir der Hund das Liebste ist … Ein literarischer Spaziergang.* Zusammengestellt von Hans Jürgen Balmes, Tanja Großmann, Nils Ole Schauenberg, Jelena Henkel und Daniel Tomoka Spiecker. Copyright für die deutsche Übersetzung © 2012 S. Fischer Verlag GmbH, Frankfurt am Main.

Pablo Neruda
Ein Hund ist gestorben. Aus: Pablo Neruda, *Letzte Gedichte.* Aus dem Spanischen von Fritz Vogelsang. Copyright © 1975 bei Luchterhand Literaturverlag, München in der Verlagsgruppe Random House.

Kurt Steinkrauss
Mein treuer Wegjefährte. Auszug aus: *Heißjeliebtet Berlin. 136 Gedichte in Berliner Mundart.* Stapp Verlag, Berlin 1987

für Edek

Atlantik Bücher erscheinen im
Hoffmann und Campe Verlag, Hamburg

1. Auflage 2015

www.hoca.de www.atlantik-verlag.de
Einbandgestaltung: Henry's Lodge, Yvonne Hüttig
Einbandmotiv: Hans Surfer/GettyImages
Satz: Fotosatz Amann, Memmingen
Gesetzt aus der Minion Pro
Druck und Bindung: GGP Media GmbH, Pößneck
Printed in Germany
ISBN 978-3-455-37005-8

HOFFMANN
UND CAMPE

Ein Unternehmen der
GANSKE VERLAGSGRUPPE